Gulshan Esther/Thelma Sangster

DER SCHLEIER ZERRISS

Gulshan Esther/Thelma Sangster

DER SCHLEIER ZERRISS

cmf

Verlag C. M. Fliß
Lütt Kollau 17, 22453 Hamburg

9. Auflage 1994

Originaltitel: The Torn Veil
Übersetzung: Doris Ewert, Leer
Umschlag: Litera, Wiesbaden
Satz: Typostudio Gerhard Schröder, Puderbach
Druck und Bindung: Schönbach-Druck GmbH, Erzhausen

ISBN 3-922349-30-7

Wir informieren Sie gern über uns Gesamtprogramm. Postkarte genügt:
Verlag C. M. Fliß, Postfach 61 04 70, 22424 Hamburg

Inhalt

Kapitel 1

Nach Mekka

Unter normalen Umständen wäre ich in jenem Frühjahr des Jahres 1966 gewiß nicht nach England gekommen. Als jüngste Tochter einer moslemischen Sayed-Familie, direkter Nachkommen des Propheten Mohammed durch die Linie seiner Tochter Fatima, hatte ich, Gulshan Fatima, bis jetzt ein ausgesprochen ruhiges, zurückgezogenes Leben im Panjab, einem Staat meines Heimatlandes Pakistan, geführt. Das lag nicht nur daran, daß ich seit meinem siebten Lebensjahr nach dem *purdah,* dem streng-orthodoxen islamischen Gesetz der Schiiten, erzogen worden war, sondern hatte auch damit zu tun, daß ich ein Krüppel war, der nicht einmal das Zimmer ohne fremde Hilfe verlassen konnte. In der Gegenwart von Männern verhüllte stets ein Schleier mein Gesicht, wenn es sich nicht gerade um die nächsten männlichen Angehörigen handelte, meinen Vater, zwei ältere Brüder und den Onkel. Im großen und ganzen gesehen bildeten die Mauern, die unseren weitläufigen Garten in Jhang, ungefähr 400 km von Lahore entfernt, umgaben, während der ersten vierzehn Jahre meines schwächlichen Daseins auch für mein persönliches Leben die Grenze.

Vater war es, der mich nach England gebracht hatte – er, der im Grunde auf die Engländer herabsah, weil sie drei Götter verehrten, anstelle des Einen Gottes. Er hatte mich bei Razia, meiner Privatlehrerin, nicht einmal die Sprache der Ungläubigen lernen lassen, aus Furcht, ich könnte irgendwie mit dieser Irrlehre infiziert und dadurch von unserem Glauben weggezogen werden. Trotzdem nahm er mich mit, um bei den besten Spezialisten Englands Rat zu suchen, nachdem er auf seiner erfolglosen Suche nach ärztlicher Hilfe bereits zu Hause riesige Summen Geldes ausgegeben hatte.

Sein Mitgefühl und die Sorge um mein zukünftiges Glück waren es, die ihn zu diesem Schritt trieben, und doch ahnten wir an jenem Tag Anfang April, als wir auf dem Flugplatz Heathrow landeten, noch nichts von dem Kummer und der großen Not, durch die unsere Familie in der Zukunft zu gehen haben würde. Wie seltsam, daß ausgerechnet ich, der Krüppel, das schwächste seiner fünf Kinder, mich am Ende als die Stärkste erweisen sollte, als ein Felsen, der alles zerschmettern würde, was meinen Vater lieb und wert war.

Selbst heute als erwachsener Mensch brauche ich nur die Augen zu schließen, um das Bild meines Vaters vor mir zu sehen. Wie sehr liebte ich ihn doch, meinen Aba-Jan, diesen großen, schlanken Mann in seinem gutsitzenden, hochgeschlossenen schwarzen Rock mit den Goldknöpfen über der weiten Hose und mit dem weißen, mit blauer Seide eingefaßten Turban auf dem Kopf. So habe ich ihn vor mir, wie er, als ich noch klein war, in mein Zimmer zu kommen pflegte, um mich in unserer Religion zu unterweisen.

Vor meinem Bett machte er halt, genau gegenüber dem Bild des Heiligtums in Mekka, der Kaaba, der heiligsten Stätte des Islams, von der es heißt, daß sie von Abraham errichtet und von Mohammed wieder aufgebaut worden sei. Vater nimmt das heilige Buch, den Koran, vom Regal herunter, dem höchsten Platz im ganzen Zimmer, weil nichts auf oder über dem Koran stehen darf. Zuerst küßt er die grünseidene Umhüllung und sagt die Eröffnungsworte auf: *»Bismillah i-Rahman-ir-Raheem«* (»Im Namen Allahs, des Erbarmers, des Barmherzigen«). Dann entfernt er die grünseidene Hülle, nachdem er sich zuvor gründlich der vorgeschriebenen Reinigungszeremonie, *Wudu* genannt, unterzogen hat. Diese Waschung muß jedesmal, bevor jemand das heilige Buch berührt oder aufhebt, stattfinden. Er wiederholt die *bismillah* und legt den Koran auf einen *rail,* einen speziellen, x-förmigen Ständer, wobei er darauf achtet, das Buch nur mit den Fingerspitzen zu berühren. Er sitzt so, daß ich von meinem Sessel aus ebenfalls hineinschauen kann. Auch ich habe mit Hilfe meiner Dienerinnen die erforderliche *Wudu* ausgeführt.

Mit seinem Finger fährt Vater die Linien der heiligen Schriften mit ihren verschnörkelten arabischen Schriftzeichen entlang, und ich, immer bestrebt, ihm Freude zu machen, sage ihm die *Fatiha* nach, die erste oder eröffnende Sure, die alle Moslems auf der ganzen Welt miteinander verbindet:

»Lob sei Allah, dem Weltenherrn,
Dem Erbarmer, dem Barmherzigen,
Dem König am Tag des Gerichts!
Dir dienen wir und zu dir rufen um Hilfe wir;
Leite uns den rechten Pfad,
Den Pfad derer, denen du gnädig bist,
Nicht derer, denen du zürnst, und nicht der Irrenden.«

Heute lesen wir aus der dritten Sure, die mit *»Das Haus des Imrân«* überschrieben ist:

»Allah, – es gibt keinen Gott außer ihm, dem Lebendigen und Ewigen. Herabgesandt hat er auf dich das Buch in Wahrheit, bestätigend, was ihm vorausging. Und herab sandte er die Thora und das Evangelium zuvor als eine Leitung für die Menschen, und er sandte die Unterscheidung (zwischen Recht und Unrecht).«

Ich tue das, was jedes Mohammedanerkind, das in einer orthodoxen Familie aufwächst, von klein auf tut: Ich lese den Koran auf arabisch. Nur in dieser Sprache, in der er geschrieben worden ist, kann er richtig verstanden werden. Wir Moslems wissen, daß man ihn nicht einfach wie irgendein anderes Buch in eine andere Sprache übersetzen kann, ohne daß er dabei einen Teil seiner Aussagekraft verliert, weil er heilig ist.

Wenn ein Kind den Koran zum erstenmal ganz durchgelesen hat – im Alter von ungefähr sieben Jahren, was als Alter der freien Willensbestimmug oder der Strafmündigkeit betrachtet wird –, wird ein besonderes Fest gefeiert. Es heißt »Amen des heiligen Korans«, und bei uns ist es Sitte, Angehörige, Freunde und Nachbarn dazu einzuladen. Im offenen Hofraum des Anwesens – in dem Männer und Frauen übrigens getrennt sitzen – sagt der *Mulla* (mohammedanischer Geistlicher) seine Gebete her, um die Wichtigkeit dieses neuen Lebensabschnittes zu betonen. Sogar in der Ecke, wo die

Frauen sitzen, verstummt das Geschwätz, und alle hören dem Mulla zu.

Wir sind am Ende der Sure angelangt, und ich muß Fragen beantworten. Vater sieht mich an, während ein Lächeln seine Lippen umspielt.

»Gut gemacht, kleine *Beiti* (Tochter)«, sagt er. »Nun beantworte mir folgende Fragen:

›Wo ist Allah?‹ «

Schüchtern wiederhole ich, was ich längst auswendig gelernt habe: »Allah ist überall.«

»Weiß Allah alles, was du auf dieser Erde tust?«

»Ja, Allah weiß alles, was ich auf dieser Erde tue, sowohl Gutes als Böses. Er kennt sogar meine heimlichen Gedanken.«

»Was hat Allah für dich getan?«

»Allah hat mich und auch die ganze Welt erschaffen. Er liebt mich und sorgt für mich. Er wird mich dereinst im Himmel für meine guten Taten belohnen und in der Hölle für meine bösen Werke bestrafen.«

»Wie kannst du Allahs Zuneigung gewinnen?«

»Durch völlige Unterwerfung unter seinen Willen und absoluten Gehorsam seinen Geboten gegenüber kann ich die Zuneigung Allahs gewinnen.«

»Woher weißt du, was Allahs Wille und seine Gebote sind?«

»Ich kann Allahs Willen und seine Gebote wissen, indem ich den heiligen Koran lese und die Überlieferungen unseres Propheten Mohammed – der Friede und Segen Allahs seien auf ihm – studiere.«

»Sehr gut«, lobt Vater. »Möchtest du sonst noch etwas wissen? Hast du irgendwelche Fragen?«

»Ja, Vater, sage mir bitte, warum der Islam besser ist als die anderen Religionen.« Diese Frage stelle ich nicht, weil ich etwas über andere Religionen weiß, sondern weil ich seine Erklärungen über unsere Religion so gerne höre. Vaters Antwort kommt klar und bestimmt:

»Gulshan, ich möchte, daß du nie vergißt, was ich dir jetzt sage: Unsere Religion ist größer als jede andere, weil Mohammed erstens die Herrlichkeit Gottes ist. Es hat viele andere Propheten gegeben, aber Mohammed war es, der der Menschheit Gottes endgültige Botschaft gebracht hat; es ist nicht nötig, daß ein weiterer Prophet aufsteht. Zweitens ist Mohammed der Freund Gottes. Er hat alle Götzenbilder zerstört und die Menschen, die diese Götzen anbeteten, zum Islam bekehrt. Drittens hat Gott dem Propheten Mohammed nach all den anderen heiligen Büchern den Koran gegeben. Er ist Gottes endgültiges Wort, und wir müssen danach handeln. Alle anderen Schriften sind unvollkommen.«

Ich höre aufmerksam zu. Seine Worte prägen sich mir fest in Herz und Gemüt ein.

Wenn noch Zeit ist, bitte ich ihn, mir noch mehr über das Bild in meinem Zimmer zu erzählen. Wie ist das, wenn man als Pilger in die heilige Stadt Mekka reist, diesen Anziehungspunkt, dem sich jeder Muslim fünfmal am Tag im Gebet zuwendet? Wir halten es in unserer Stadt auch so, und zwar immer dann, wenn der *Muezzin* seinen *azzan* (Gebetsruf) vom Minarett der Moschee erschallen läßt. Der Ruf hallt in den Straßen und Gassen wider und übertönt sogar den Verkehrslärm sowie die lauten Geräusche des Basars. Er dringt durch die vergitterten Fenster und ruft die Gläubigen zum Gebet – bei Sonnenaufgang, am Mittag, bei Einbruch der Dunkelheit und am Abend –, mit den Worten der ersten Erklärung des Islams:

»La ilaha ill Allah,
Muhammad rasoolullah!«

»Es gibt keinen Gott außer Allah,
Und Mohammed ist der Prophet Gottes.«

Vater erklärt mir geduldig alles, was ich wissen möchte. Er hat bereits zwei Pilgerreisen gemacht, eine allein und die andere mit seiner Frau, meiner Mutter. Jeder Mohammedaner hat die Pflicht, wenigstens einmal im Leben nach Mekka zu pilgern, – oder auch mehrmals, wenn er reich genug dafür ist. Die Wallfahrt bildet den fünften der fünf Grundpfeiler des Islams, die Millionen von Moslems in vielen verschiedenen Ländern der Erde miteinander verbinden und dafür sorgen, daß unser Glaube Bestand hat.

»Darf ich auch einmal nach Mekka reisen, Vater?« frage ich ihn.

Er lacht und beugt sich herunter, um mich auf die Stirn zu küssen.

»Das darfst du, Gulshan. Wenn du erst älter bist und vielleicht...«

Er beendet den Satz nicht, aber ich weiß, was er sagen will: »...wenn unsere Gebete für dich erhört worden sind.«

Diese Unterrichtszeiten lehren mich, Gott zu achten und eine starke Bindung an meine Religion mit ihren Sitten und Gebräuchen zu entwickeln. Ich bin stolz auf meine Abstammung, die bis auf Mohammed zurückgeht über seinen Schwiegersohn Ali, und ich bekomme ein immer größeres Verständnis für das Ansehen und die Würde meines Vaters. Er ist nicht nur unser Familienoberhaupt, sondern als direkter Nachkomme des Propheten auch ein *Sayed* und ein *Schah.* Außerdem ist er ein *Pir* – ein religiöser Führer – und ein Großgrundbesitzer, der ein riesiges Gut auf dem Lande sowie einen geräumigen, von Gartenanlagen umgebenen Bungalow am Stadtrand sein eigen nennt. Ich beginne zu verstehen, warum unsere Familie eine solche Achtung genießt, daß sogar der *Mulla* oder *Maulvi* mit seinen Fragen – religiösen Fragen, auf die er selber keine Antwort weiß – zu Vater kommt.

Wenn ich heute zurückschaue, sehe ich einen tiefen Sinn in jenen Jahren, die ich, ans Haus gefesselt, verbringen mußte. Es war die Zeit, in der mein Geist und Verstand sich entfalteten wie die Rosenknospen in unserem gut bewässerten Garten, die so liebevoll von unseren Gärtnern gepflegt wurden. Mein Name, Gulshan, bedeutet in Urdu »Blumenstätte, Garten«. Ich war in der Tat ein schwächliches Pflänzchen für solch einen hochtrabenden Namen, aber mein Vater pflegte mich genauso liebevoll wie die Gärtner unsere Blumen. Er hatte uns Kinder alle lieb – seine beiden Söhne, Safdar Schah und Aliam Schah, und drei Töchter, Anis Bibi, Samina und mich –, aber obwohl er gewiß enttäuscht war, daß ich als Mädchen zur Welt kam und dann im Alter von sechs Monaten auch noch Typhus bekam, der mich zu einem kraftlosen Krüppel machte, liebte Vater mich genauso sehr wie meine Geschwister, wenn nicht vielleicht sogar noch mehr. Hatte meine Mutter ihm nicht auf dem Sterbebett das heilige Versprechen abgenommen, für mich zu sorgen?

»Ich bitte dich, Schah-ji, heirate nicht noch einmal, um Klein-

Gulshans willen«, waren ihre letzten Worte gewesen. Sie hatte mich schützen wollen, da eine Stiefmutter und deren Kinder das väterliche Erbteil einer Tochter aus erster Ehe sehr wohl schmälern und diese unfreundlich behandeln konnten, wenn sie kränklich und unverheiratet war.

Mein Vater hatte ihr damals, vor vielen Jahren, dieses Versprechen gegeben, und er hatte Wort gehalten. Das war durchaus nicht selbstverständlich in einem Land, wo ein Mann gemäß dem Koran bis zu vier Frauen haben konnte, wenn er wohlhabend genug war, um sie alle gerecht und gleich zu behandeln.

Nach diesem ungestörten Muster war mein Leben also bisher verlaufen –, bis zu jener Englandreise, als ich vierzehn Jahre alt war. Sie veränderte beinahe unmerklich alles, was bisher gewesen war, und löste eine Kettenreaktion von unbeabsichtigten Ereignissen aus. Davon hatte ich natürlich noch keine Ahnung, als ich, am dritten Tag nach unserer Ankunft in London, mit meinen Dienerinnen Salima und Sema in einem Hotelzimmer saß und auf den Spruch des Arztes wartete. Es handelte sich um einen Spezialisten, der meinem Vater in Pakistan empfohlen worden war, und seine Diagnose würde endgültig über meine Zukunft entscheiden.

Wenn es möglich war, diese Krankheit zu heilen, die mich bereits als Baby linksseitig völlig gelähmt hatte, war ich frei, meinen Cousin zu heiraten, mit dem ich im Alter von drei Monaten verlobt worden war. Er wohnte zu Hause in Multan im Staat Panjab, und wartete dort auf die Nachricht, ob ich gesund werden würde. Falls aber keine Aussicht auf Genesung bestand, würde die Verlobung aufgelöst werden, was für mich eine größere Schande bedeutete, als wenn ich verheiratet gewesen und dann von meinem Mann geschieden worden wäre.

Draußen waren Schritte zu hören. Salima und Sema sprangen auf und zupften hastig ihre langen, schalähnlichen *dopattas* zurecht. Salima zog den meinen schnell über mein Gesicht, während ich ausgestreckt auf dem Bett liegenblieb. Ich zitterte, aber nicht vor Kälte. Ich mußte die Zähne zusammenbeißen, damit sie nicht so laut klapperten.

Die Tür öffnete sich, und mein Vater trat mit dem Arzt ins Zimmer.

»Guten Morgen«, sagte eine angenehme Stimme in ausgesprochen höflichem Ton. Ich konnte das Gesicht dieses Dr. David nicht sehen, aber er verbreitete eine Atmosphäre von Autorität und Wissen um sich. Starke Hände schoben den langen Ärmel meines Gewandes hoch und befühlten zunächst den schlaffen linken Arm, danach auch das kraftlose linke Bein. Eine Minute verstrich, dann richtete sich der Spezialist auf.

»Dafür gibt es keine Medizin – nur Gebet«, sagte Dr. David, an meinen Vater gewandt. Die ruhige Entschiedenheit seiner Worte ließ keinen Zweifel aufkommen, daß das Urteil endgültig war.

Auf meinem Bett liegend, hörte ich den unbekannten englischen Doktor den Namen Gottes nennen. Ich war verwirrt. Was konnte er schon von Gott wissen? Aus seiner freundlichen, mitfühlenden Art entnahm ich, daß er unsere Hoffnungen auf Heilung zunichte gemacht hatte, und doch hatte er auf das Gebet hingewiesen.

Vater begleitete ihn zur Zimmertür. Dann kam er zurück und sagte: »Das war gut für einen Engländer, uns zu sagen, wir sollten beten.«

Salima schlug meinen *dopatta* zurück und half mir, mich aufzusetzen.

»Vater, kann er mich denn nicht gesund machen?« Ich konnte es nicht verhindern, daß meine Stimme zitterte. Schon wollten die Tränen kommen.

Vater streichelte meine leblose Hand und erwiderte rasch: »Es bleibt uns jetzt nur noch eine Möglichkeit: Wir müssen an der Himmelstür anklopfen. Wir fahren nach Mekka, wie geplant. Gott wird unsere Gebete erhören, und dann kehren wir vielleicht doch noch mit Jubel nach Hause zurück.«

Er lächelte mich an, und ich versuchte, sein Lächeln zu erwidern. Mein Kummer war auch der seine, das wußte ich, aber er schien nicht verzweifelt. Seine Stimme verriet neue Hoffnung. Gewiß würde unser Herzenswunsch in Erfüllung gehen, wenn wir erst in Mekka oder an der heilenden Quelle von Zamzam wären.

Wir blieben noch ein paar Tage im Hotel, während Vater sich um den Flug nach Djidda kümmerte, wohin alle Mekkapilger gewöhnlich fliegen. Er hatte das bisher absichtlich nicht getan, weil er zunächst abwarten wollte, was bei der Untersuchung herauskommen und welche Behandlung man ihm empfehlen würde. Die ganze Reise war von ihm so geplant worden, daß sie kurz vor den alljährlichen Pilgermonat fiel, damit wir nach meiner Genesung nach Mekka fahren konnten, um dort unserer Dankbarkeit Gott gegenüber Ausdruck zu verleihen.

Während wir auf die Buchung warteten, besuchte Vater manchmal Freunde unter der pakistanischen Bevölkerung Londons, oder sie kamen zu ihm. Normalerweise hätten die Frauen dieser Familien mir ebenfalls einen Besuch abgestattet, aber ich schämte mich wegen meiner Behinderung. Zudem war ich es auch zu Hause nicht gewohnt, Fremde zu empfangen, und so klopften nur wenige Besucherinnen bei mir an. Wer sieht auch schon gerne verdorrte Gliedmaßen, bei denen die Haut schwarz und schrumpelig herumhängt und die Finger – falls man sie überhaupt als solche bezeichnen kann – nicht mehr sind als eine gallertartige Masse ohne jegliche Muskelkraft? In einem Alter, in dem meine Freundinnen bereits von dem Tag träumen, an dem sie das rote Hochzeitskleid mit der Goldstickerei anlegen und juwelengeschmückt und mit einer guten Aussteuer versehen in ihres Mannes Haus einziehen würden, mußte ich mich mit dem Gedanken abfinden, einer einsamen Zukunft entgegenzugehen, abgeschnitten von aller Welt. Ich war ein Niemand, unfähig, je eine richtige, echte Frau zu sein, – ein unnützes Wesen, verborgen hinter einem Schleier der Schmach.

Wir befanden uns im zweiten Stock des Hotels, in einem gemütlichen Zimmer, das an Vaters angrenzte. Der Boden war mit einem dicken Teppich belegt, und ein Badezimmer gehörte auch dazu. Salima und Sema schliefen mit in meinem Zimmer auf einem Klappbett und wechselten sich nachts mit Wachen ab, um zu meiner Verfügung zu stehen und mir, wenn nötig, Hilfe zu leisten. Außer meiner Pflege und der Aufgabe, unsere Unterwäsche im Badezimmer mit der Hand zu waschen, hatten die beiden nicht viel zu tun. Dennoch verging die Zeit dank der mitgebrachten Bücher und mit den täglichen fünf Gebetszeiten sowie den immer wiederkehrenden Routinearbeiten wie Waschen, Anziehen, Essen usw. verhältnismäßig schnell, zumal diese Dinge sowieso mehr Zeit in Anspruch nehmen, wenn ein Mensch behindert ist. Zwischendurch hörte ich dem unterhaltsamen Geplauder meiner Dienerinnen zu. Sie unternahmen gelegentlich einen kleinen Streifzug in die Empfangshalle im unteren Stockwerk, waren jedoch zu ängstlich, um sich allein auf die Straße zu wagen. Meistens begnügten sie sich damit, die Welt durchs Zimmerfenster zu betrachten, wobei sie mich darüber auf dem laufenden hielten, was es draußen alles zu sehen gab. Sie reagierten wie typische pakistanische Dorfmädchen, und oft brachten sie mich mit ihren Bemerkungen zum Lachen.

»Oh, sieh dir bloß die schöne Stadt an« (das war Salima). »So viele Leute gehen spazieren, und dann die vielen Autos!«

Ein andermal schrie Sema auf:

»Oh, die Frauen haben nackte Beine! Schämen die sich denn gar nicht? Männer und Frauen gehen zusammen spazieren, sogar Hand in Hand! Jetzt geben sie sich einen Kuß! Oh, sie kommen bestimmt in die Hölle!«

Wir waren von klein auf strengen Regeln unterworfen gewesen, was Kleidung und Benehmen betraf. Wir bedeckten unseren ganzen Körper, vom Hals bis zu den Knöcheln, züchtig mit der im Panjab üblichen Tracht, dem *Shalwar Kameeze,* bestehend aus einem weiten Kasack über einer ebenso weiten Hose, die um die Knöchel zusammengerafft war. Um den Hals trugen wir ein breites, feingewebtes Tuch, *dopatta* genannt, mir dem wir, falls notwendig, unseren Kopf bedecken oder es vor das Gesicht ziehen konnten, und wenn es kalt war, wickelten wir uns zusätzlich in einen warmen Schal ein. Verließen wir das Haus, so trugen wir stets den *burka,* einen langen, undurchdringlichen Schleier, der uns von Kopf bis Fuß einhüllte und vorne nur einen netzüberzogenen Augenschlitz hatte, durch den man sehen konnte. Der *burka* machte jede normale Unterhaltung auf der Straße unmöglich und beeinträchtigte zudem stark das Seh- und Hörvermögen der Trägerin im Straßenverkehr. Doch zu jener Zeit, von der ich hier berichte, hätten wir die Vorschriften, die unser Leben beherrschten, niemals in Frage gestellt, ja, es wäre uns ein schrecklicher Gedanke gewesen, uns den herkömmlichen Sitten zu widersetzen. Für uns war der Schleier sogar ein gewisser Schutz. Wir konnten durch ihn zwar die Welt in etwa sehen, aber sie konnte uns nicht sehen.

Als wir die Frauen in London mit ihren unzüchtigen Miniröcken herumlaufen sahen, die ein ganzes Stück oberhalb des Knies endeten, war es uns allen dreien klar, daß dieses die sündhafteste Stadt auf der ganzen Welt sein mußte.

In unserem Land, und ganz besonders in meiner Heimatstadt, wäre es unschicklich gewesen, mit einem Mann zu sprechen, der nicht zur engsten Verwandschaft gehörte. Ziel dieser Vorschrift, wie überhaupt des gesamten *purdah,* war natürlich die Reinhaltung der Familienehre. Nicht der leiseste Hauch eines Verdachts durfte auf die Töchter einer moslemischen Familie fallen. Die Strafe für Indiskretion konnte furchtbar sein.

Dreimal täglich wurde uns das Essen von einem Kellner auf einem Wagen gebracht, und die Mädchen nahmen es an der Tür in Empfang. Manchmal war auch ein englisches Servierfräulein dabei, dann schloß ich schnell die Augen, um ihre nackten Beine nicht sehen zu müssen.

Ich war das Hotelessen bereits gründlich leid. Vater bestellte jeden Tag Hähnchen für uns, weil das *halad* war, erlaubtes Fleisch, das auf die vorgeschriebene Art und Weise geschlachtet worden war. Schweinefleisch war *haram,* verboten – schon wenn man das Wort »Schwein« nur aussprach, machte man sich den Mund schmutzig. Bis zum heutigen Tag benutze ich, wenn ich davon spreche, das Wort *»barla«,* das im Dialekt des Panjab soviel wie »Außenseiter« bedeutet, so sehr hat mich meine Erziehung geprägt. Bei allen anderen Fleischsorten mußte man annehmen, daß sie ebenfalls im Schweinefett gebraten worden waren. Zum Hähnchen gab es Gemüse und Reis und als Nachtisch Eis. Wir tranken gewöhnlich Coca-Cola und hielten uns davon auch einen Vorrat in unserem Zimmer. Vergebens sehnte ich mich nach den gewohnten Curry- und Kebabgerichten, vergebens auch nach den Pfirsichen und Mangos, die auf unseren Bäumen zu Hause wuchsen.

Vater half mit, mich bei guter Laune zu halten, indem er hin und wieder einen kurzen Ausflug mit mir unternahm. Einmal zeigte er mir das Hotel, und ein paarmal fuhr er mit mir und den Dienerinnen in einem Taxi durch die Umgebung. Dabei erklärte er mir, warum die *Ingrez* nicht so waren wie wir.

»Dieses ist ein christliches Land«, sagte er. »Die Leute hier glauben, daß Jesus Christus Gottes Sohn ist. Natürlich haben sie unrecht, denn Gott war nie verheiratet, wie kann Er da einen Sohn haben? Trotzdem sind sie auch ›Menschen des Buches‹ wie wir. Mohammedaner und Christen besitzen dasselbe Buch.«

Das konnte ich nicht verstehen. Wie war es möglich, daß sie dasselbe Buch hatten wie wir und trotzdem so anders waren?

»Sie haben die Freiheit, vieles zu tun, was wir nicht dürfen«, fuhr Vater fort. »Sie essen Schweinefleisch und trinken Alkohol. Es gibt keinen Abstand zwischen Männern und Frauen. Sie leben zusammen, ohne verheiratet zu sein, und die heranwachsenden Kinder haben keinen Respekt vor den älteren Leuten. Aber sonst sind es gute Menschen. Sie sind pünktlich und haben gute Prinzipien. Wenn sie etwas versprechen, halten sie es auch – im Gegensatz zu den Asiaten.«

Auf diesem Gebiet war Vater ein Fachmann. Durch den Export der Baumwolle, die er in Pakistan anbaute, hatte er ständig mit Ausländern zu tun.

»In bezug auf die Religion mögen wir unterschiedlicher Ansicht sein, aber es sind sympathische, verständnisvolle Leute, die sich untereinander helfen, und sie sind menschenfreundlich«, schloß er seine Erklärungen.

Ich dachte über die Gegensätzlichkeit der *Ingrez* nach – ein freundliches Volk, das in einem sanften, grünen, von häufigen Regenfällen getränkten Land wohnte, und dessen heiliges Buch ihm doch solche Freiheiten ermöglichte. Dabei war unser heiliges Buch mit dem ihren verwandt. Worin bestand der wahre Unterschied zwischen ihnen und uns? Das Problem war zu schwierig für ein vierzehnjähriges Mädchen. So gab ich den Gedanken auf und befaßte mich lieber mit der bevorstehenden Pilgerreise. Es dauerte viele Jahre, bevor ich wieder mit der gleichen Frage konfrontiert wurde, doch als es so weit war, konnte ich sie nicht mehr so einfach beiseite schieben.

Kapitel 2

Der Haddsch

Das schmucke weiße Flugzeug der »Pakistan International Airways« hockte wie ein Vogel auf der Rollbahn. Als ich aus meinem Rollstuhl herausgehoben und in die Maschine getragen wurde, fühlte ich mich wie befreit bei dem Gedanken, England wieder verlassen zu können. Etwas hatte diese Reise allerdings bewirkt: Sie hatte unserer Ungewißheit ein Ende gesetzt. Jetzt blieb uns nur noch eine einzige, letzte Hoffnung, und darauf steuerten wir mit großer Geschwindigkeit zu. Wie in kristallklares Licht getaucht, so sah ich sie in meinen Träumen vor mir, unbekannt und doch so wohlbekannt – die heilige Stadt Mekka, den Ort, den jeder Moslem wenigstens einmal in seinem Leben zu sehen wünscht.

Wir hatten Plätze in der ersten Klasse gebucht, und ich saß zwischen meinen beiden Dienerinnen. Sema fungierte als Stütze für meine kraftlose linke Körperseite, während Salima bereit war, jede nur mögliche Hilfestellung zu geben. Vater hatte es sich in der Reihe vor uns auf zwei Sitzen bequem gemacht und setzte nun seine Belehrungen über unsere Reise fort.

»Wir fliegen jetzt in einer Höhe von 10.000 Metern«, bemerkte er, als die Maschine nicht mehr stieg.

Ich warf einen Blick aus dem Fenster und hielt den Atem an. Wir befanden uns in einer herrlich leuchtenden, sonnendurchfluteten Welt. Unter uns breitete sich ein Wolkenmeer aus weicher Watte aus, das an die Füllung einer Matratze fürs Hochzeitsbett erinnerte.

Auch Salima und Sema schauten hinaus und stießen kurze, gedämpfte Schreie aus:

»Sieh nur das viele Eisen, das durch die Luft fliegt!« verwunderten sie sich in einer Mischung aus Panjab- und Urdu-Worten, überlagert von ihrem starken Jhanger Akzent. Ich mußte mir ein Lächeln verkneifen; sie waren eben einfache Dorfmädchen, die mit sehr vielen neuen Eindrücken fertig werden mußten.

Plötzlich fing das Flugzeug an, in der Luft auf- und abzuhüpfen. Ich bekam einen furchtbaren Schrecken, aber Vater erklärte mir, daß wir lediglich in ein Luftloch geraten seien. »Nur keine Angst«, beruhigte er uns, »es passiert schon nichts.«

In der Maschine saßen noch mehr Mekkapilger. Ich wußte, daß sie, genau wie wir auch, die weißen *Ihram*-Gewänder in ihrem Gepäck hatten, die jeder Pilger tragen muß, der sich auf dem *Haddsch,* der Pilgerreise, befindet.

Einmal hatte Vater mich zu einem Film über den *Haddsch* mitgenommen. Er war für religiöse Menschen gedreht worden, die während des Pilgermonats Mekka besuchen wollten, und zeigte in Farbe alle wichtigen, mit der Pilgerreise zusammenhängenden Sitten und Gebräuche. Ich war mit der Entstehungsgeschichte unserer Religion in der arabischen Wüste aufs beste vertraut. Die Landschaft und auch die Orte, in denen alle jene Ereignisee stattgefunden hatten, waren mir ebenso bekannt wie meine eigene kleine Welt zu Hause, unser Haus und Garten.

Die Stewardess, ganz in Grün gekleidet und mit einem angedeuteten *dopatta* unter dem Kinn, brachte uns etwas zu essen, aber ich stocherte nur unlustig in meinem Teller herum. Salima sah sich die kaum berührten Speisen an und fragte sanft:

»Bibi-ji, willst du denn nichts essen, damit du bei Kräften bleibst?«

Ich schüttelte den Kopf. »Nein, ich habe keinen Hunger.« Es war mir, um ehrlich zu sein, ziemlich übel, teils von dem Schwanken der Maschine und teils wegen der Aufregung vor allem Neuen, das auf uns zukam. Jedoch erzählte ich Salima nichts von meinen wirklichen Empfindungen. Wie hätte ich auch mit einer Dienerin über die Hoffnungen und Befürchtungen sprechen können, die mir durch den Sinn schossen wie Wolkenfetzen, welche, vom Sturm gepeitscht, über den Himmel jagen?

In Abu Dhabi stiegen wir in ein anderes Flugzeug um. Dort gesellten sich auch Pilger aus weit entfernten Ländern zu uns. Voller Interesse studierte ich ihre Tracht und versuchte herauszufinden, woher sie kamen. Meine Lehrerin Razia hatte gute Arbeit geleistet; es gelang mir, Reisende aus dem Iran, aus Nigeria, China, Indonesien, Ägypten usw. auszumachen. Alle Welt schien auf dem Weg nach Mekka zu sein.

Im Lautsprecher war ein Knacken zu hören. In zwei Sprachen, auf englisch und arabisch, erklärte uns die Stewardess, daß wir uns Djidda näherten und in Kürze landen würden.

Eine Leuchtschrift flammte vor uns auf. »Wir müssen uns anschnallen«, sagte Vater, und wir gehorchten. Salima half mir mit meinem Gurt, und Vater sah nach, ob er auch richtig eingerastet war.

Aus dem Fenster der Maschine konnte ich die Wüste unter uns sehen mit ihren grau-braunen Sandhügeln, die der scharfe, heiße Wind halbmondförmig zusammengeweht hatte. Am Horizont entdeckte ich weit entfernt eine Bergkette, und dann breitete sich unter uns eine große Stadt mit vielen Straßen und hohen Gebäuden aus. Ich erblickte auch Bäume und grüne Gärten.

»Sieh nur«, sagte Vater, »wie Wasser die Wüste verwandeln kann. Es ist erst wenige Jahre her, seit man eine Wasserleitung vom Wadi Fatima bis hierher gelegt hat.«

Ich nickte. Im Unterricht hatte ich gelernt, wie sich der Lebensstandard dieser Leute, die früher arm und rückständig gewesen waren und oft jahrelang ohne Regen hatten auskommen müssen – die Bauern hatten in Lehmhütten gehaust und die Nomaden in Beduinenzelten –, durch den Ölreichtum gewaltig verbessert hatte.

Das Flugzeug war gelandet, und wir wurden am Flughafen von Vaters altem Freund, dem Scheich, in Empfang genommen, der in seinem großen, schweren Chevrolet zu unserer Begrüßung gekommen war. Der Scheich hatte acht Frauen und achtzehn Kinder, die mit ihm in seiner riesigen Villa wohnten. Dreizehn von den achtzehn waren Mädchen und fünf kleinere Jungen. Ich glaube, er hatte noch mehr Kinder, die entweder schon verheiratet waren oder im Ausland studierten. Er besaß eine eigene Ölquelle, durch die der Luxus, in dem die ganze Familie lebte, gewährleistet wurde. Außerdem verfügte er über ausgedehnte Ländereien, auf denen er Rinder und Kamele, Schafe und Ziegen züchtete.

Während der nächsten paar Tage durften wir die Gastfreundschaft des Scheichs genießen, und ich hatte Gelegenheit mitzuerleben, wie solch ein großer Haushalt funktionierte.

Der Scheich stellte mich allen seinen Frauen vor: Fatima, Zora, Rabia, Rukia... bis zur letzten in der Reihe.

»Ich habe keine Lieblingsfrau«, verkündete er. »Alle meine Frauen werden gleich behandelt.« Ich wußte, warum er das besonders erwähnte: Der Koran gestattet es einem Mann, mehr als eine Frau zu heiraten, jedoch unter der Bedingung, daß er alle seine Frauen gleich gut behandelt. Der Prophet Mohammed selber hatte natürlich mehrere Frauen geheiratet, aber für die meisten Männer, so hatte man mir gesagt, war es beinahe unmöglich, die Anweisung bezüglich der Gleichbehandlung aller Frauen wirklich unparteiisch zu befolgen. In unserer Gesellschaft wurde die Polygamie aus diesem Grunde nicht gefördert –, aber hier schien sie blendend zu funktionieren, und alle schienen in schönster Harmonie zusammenzuleben.

Die Töchter des Hauses – ich schätzte die älteste auf etwa achtzehn Jahre – wurden mir durch eine Übersetzerin mit Namen Bilquis vorgestellt. Sie strömten in das für Frauen bestimmte Besucherzimmer, in dem ich mich mit meinen Dienerinnen häuslich eingerichtet hatte, um mir Fragen über Pakistan zu stellen:

»Gibt es bei euch auch Straßen? Und Städte? Was eßt ihr dort? Welche Gemüsesorten wachsen bei euch? Habt ihr auch Schulen für Mädchen? Tragt ihr immer diese Art der Kleidung?«

Ich antwortete, so gut ich konnte, und freute mich zu hören, daß die Mädchen gerne selber einmal nach Pakistan reisen und alles ansehen wollten. Dann fragte ich sie meinerseits über ihre Lebensweise aus: »Wie lebt ihr hier? Was macht ihr den ganzen Tag?«

»Sehr wenig«, war die offenherzige Antwort. Der Scheich hielt seine Frauen und Töchter zu Hause. Die Töchter, gebildete Mädchen, schienen nicht viel anderes zu tun zu haben, als sich zu amüsieren. Sie verbrachten ihre Zeit mit Unterhalten, Fernsehen und leichter Lektüre auf englisch und arabisch. Trotzdem schienen sie fröhlich und guter Dinge zu sein, zumal ihnen jeder Wunsch erfüllt wurde. Wenn sie Lust zum Einkaufen hatten, ging Bilquis mit ihnen und kümmerte sich um das Geld, während die Mädchen sich aussuchten, was ihnen gefiel.

Die Frauen des Scheichs machten ebenfalls hin und wieder einen Einkaufsbummel – und zwar schichtweise – oder in Begleitung von Bilquis einen Besuch im Krankenaus. Dabei hüllten sie sich in ihre schwarzen *burkas* ein, entweder in die lange, durchgehend geschnittene Form oder aber die türkische Art, die in der Taille geteilt ist. Ansonsten schien ihre Hauptaufgabe jedoch darin zu bestehen, dem Scheich zu gefallen. Sie saßen mit gekreuzten Beinen auf Kissen herum, die auf dem Boden lagen, und trugen gold- und silberbestickte Kaftane. In dem riesigen Raum mit seinem Marmorfußboden gab es zwar auch Sofas längs der Wände, aber die Frauen saßen lieber auf dem Boden. Manchmal zogen sie auch westliche Kleidung an, moderne, sorgfältig ausgewählte Modelle, die aus England oder Amerika kamen, und trugen dazu teuren Schmuck. Die Luft war vom Duft schwerer Parfums durchzogen, die die Diener versprüht hatten.

Am Abend, bevor ich zu Bett ging, konnte ich für ein paar Minuten mit Vater im Gemeinschaftsraum zusammensein, mich mit ihm unterhalten und Beobachtungen austauschen.

Wie Vater mir sagte, war der Scheich 65 Jahre alt, aber seine glatte, faltenlose Haut ließ ihn jünger erscheinen. Er bildete eine interessante Mischung aus Altmodischem und Modernem und zeigte eine besondere Vorliebe für Geselligkeit und die Gemeinschaft mit anderen Männern, die er auf großzügige, um nicht zu sagen verschwenderische Art und Weise in seinem Haus bewirtete. Er rauchte gern, trank viel schwarzen Tee und hatte eine Schwäche für arabische Musik, die er in alle Zimmer des Hauses übertragen ließ, damit jeder an seiner Freude teilhaben konnte. Dieses war, wie ich erfuhr, eine typisch arabische Sitte. Alle Annehmlichkeiten, die es in einem Haus gibt, müssen mit allen anderen geteilt werden, gleichgültig ob das erwünscht ist oder nicht. Ich für meinen Teil verstand absolut nichts von arabischer Musik.

Die Mahlzeiten spielten sich getrennt im Eßzimmer der Männer und dem der Frauen ab und bildeten sehr interessante Anlässe. Es wurde jeweils ein ganzes Lamm gebraten und den Familienmitgliedern serviert. Bevor sie zum Essen gingen, zogen sich alle die Schuhe aus und betraten barfuß die bunten Perserteppiche. Während der Mahlzeit ruhten sie auf dicken Kissen, die im Kreis auf dem Boden lagen. Ein riesiges Tablett mit kräftig gewürztem Reis und dampfendem Lammfleisch wurde in die Mitte gestellt, darum herum gruppierten sich diverse Schüsseln und Platten mit Auberginen, Reis, Salaten, flachen Brotfladen und als Nachtisch *Halwa* (eine orientalische Süßigkeit, bestehend aus einer flockigen Mischung von zerstoßenem Sesamsamen und Honig oder Sirup). Es wurde nur mit der rechten Hand gegessen, wobei man eine Handvoll Reis zu einer Kugel formte und diese in den Mund schob oder Stücke von den Brotfladen abriß und verzehrte.

Ich aß in meinem Zimmer. Es wäre mir nicht möglich gewesen, auf den Kissen das Gleichgewicht zu halten und in Gegenwart so vieler neugieriger Zuschauer zu essen. Aber der Scheich war die Liebenswürdigkeit in Person und erlaubte mir, ganz nach meinem Belieben zu handeln. Mein Zimmer war mit allen erdenklichen Bequemlichkeiten ausgestattet; dazu gehörten ein wunderschöner Teppich, etliche Grünpflanzen, ein hübsches, rundes, mit Jalousien versehenes Fenster, ein großer Spiegel sowie ein separates Badezimmer mit einem modernen Spülklosett.

Die Gastfreundschaft spielt bei den Arabern eine große Rolle. Das geht auf frühere Erfahrungen der Stämme zurück, die in der grausamen Wüste oft ums Überleben kämpfen mußten und deren Leben davon abhängen konnte, ob sie von den Beduinen aufgenommen wurden oder nicht. Man erzählt sich, daß damals, in der »guten alten Zeit«, ein Wüstenscheich einen Fremdling bei sich aufzunehmen und drei Tage lang zu bewirten pflegte, ehe er überhaupt nach dessen Namen oder Vorhaben fragte. Unser Scheich hielt sich ganz und gar an die Tradition, indem er uns für die Dauer unseres Aufenthalts alle Annehmlichkeiten seines Hauses zur Verfügung stellte, einschließlich eines Wagens mit Chauffeur. Dadurch waren wir in der Lage, etwas von der schönen Stadt Djidda zu sehen.

Vater saß vorne neben dem weißgewandeten Fahrer Qazi, und ich sah mir die Stadt durch die mit Vorhängen versehenen Rückfenster an. Die Straßen waren vollgestopft mit Pilgern, die unaufhörlich aus den im Hafen anlegenden Schiffen strömten oder per Flugzeug auf dem neu erbauten Flughafen landeten. Qazi, unser Fahrer, wies uns immer wieder auf die Gegensätze zwischen Alt und Neu hin, wie z.B. das zehnstöckige Bürogebäude an der Abd-

-al-Aziz-Straße, in der sich schwere amerikanische Wagen und beladene Esel gleichermaßen drängten. Wir sahen den *Suk,* den Straßenmarkt, auf dem es alles nur Erdenkliche zu kaufen gab, von der Kaffeebohne bis hin zum Perserteppich – selbst heiliges Wasser aus Mekka fehlte nicht – und auch die Geschäfte, die westliche Waren verkauften. Wir besichtigten die Altstadt mit ihren hohen, einstmals prunkvollen Kaufmannshäusern, die jetzt leider am Verfallen waren. Von den vergitterten Balkonen hatten früher die Haremsfrauen heruntergeschaut auf das Treiben auf der Straße, ohne daß sie von unten gesehen werden konnten. In scharfem Kontrast dazu befanden sich die neuen, billigen Wohnsiedlungen, die überall am Stadtrand aus dem Boden schossen.

»Als wir noch kein Öl hatten«, erzählte uns Qazi bereitwillig, »herrschten bei uns Armut und viele andere Probleme. Aber durch das Öl haben wir jetzt alle genug zu essen, und die Kinder können zur Schule gehen.«

An einer bestimmten Stelle hielten wir an, um zuzusehen, wie das Öl aus dem Boden gepumpt wurde, aber der Geruch gefiel mir absolut nicht.

Als wir schließlich nach Mekka weiterreisten, brauchten wir auch nicht auf unsere Bequemlichkeit zu verzichten, denn der Scheich bestand darauf, daß wir seinen Wagen und Fahrer dazu nahmen. Vater dankte ihm mit einer kurzen Rede:

»Du hast uns herzliche Gastfreundschaft und große Freundlichkeit erwiesen, um uns die Reise leichter zu machen.«

Der Scheich hätte gewiß jeden anderen Besucher mit der gleichen Freundlichkeit behandelt, aber ich wußte, daß er uns gegenüber ganz besonders entgegenkommend war, weil er ein alter Freund der Familie war und gute geschäftliche Beziehungen zu meinem Vater unterhielt. Ihm war viel am Kauf der guten Schaf- und Ziegenrassen gelegen, für die unsere Gegend daheim berühmt war.

Sehr früh morgens, nach dem Gebet, machten wir uns auf den Weg nach Mekka. Wir wollten uns nämlich für die Fahrt genügend Zeit lassen und unterwegs alles Sehenswerte betrachten. Die neue, vierspurig ausgebaute Straße war sehr gut. In langen Kolonnen rasten Taxen, Lastwagen und Busse daher, die einen nicht endenwollenden Strom von Pilgern über die siebzig Kilometer lange Strecke zwischen Djidda und Mekka transportierten. Viele waren auch zu Fuß unterwegs. In stoischem Gleichmut marschierten sie vorwärts, bereit, auch die glühende Hitze der Ebene zu ertragen, sobald die Sonne höher stieg. Nicht aus Armut taten sie das, sondern weil sie die Wanderung Abrahams nachvollziehen wollten, als er auf der Suche nach einer Zufluchtsstätte für Hagar und Ismael war.

Ich hätte es niemals zugegeben, aber innerlich war ich in diesem Moment beinahe froh, ein Krüppel zu sein, um in der brennend heißen Sonne, in dieser unerträglichen Hitze, nicht zu Fuß gehen zu müssen. Ich wußte, daß solche Empfindungen nicht dem Geist des *Haddsch* entsprachen, der ein totales Opfer und absolute Hingabe fordert, darum sagte ich nichts.

Qazi, unser Fahrer, wies uns auf die Wasserhähne an der Straße und auf die Straßenlampen hin, durch die der Weg der Reisenden beleuchtet wurde.

»Der König hat das alles anlegen lassen. Er kommt jedes Jahr persönlich mit seinen Ministern und den Prinzen hierher, um den Pilgermonat zu eröffnen, und er hat auch die Einrichtungen an den heiligen Stätten gewaltig verbessert.«

25 Kilometer vor der Stadt waren Warnschilder aufgestellt: »Sperrgebiet. Nur für Moslems.« Soldaten bewachten den Eingang, einige sogar mit Gewehren bewaffnet, und kontrollierten die Pässe der Reisenden. Unser Fahrer sprach mit ihnen und erhielt die Erlaubnis zur Weiterfahrt.

Es ging nur sehr langsam voran, immer bergauf auf einer in die Felsen gehauenen Straße, vorbei an großen Scharen weißgekleideter Pilger, die sich auf den Fußspuren Abrahams befanden, nachdem Sara die Magd und ihren Sohn von sich gewiesen hatte.

In unseren Ohren klangen die Gebetsgesänge wider, Verse aus dem Koran und immer wieder die Erklärung:

»Es gibt keinen Gott außer Allah. Mohammed ist der Prophet Allahs.«

Plötzlich machte die Straße einen Bogen, und die heilige Stadt lag vor unseren Augen ausgebreitet, weiß und glänzend in der bereits glühend heißen Morgensonne. Der Fahrer hielt den Wagen an, und unwillkürlich entrang sich unseren Lippen der Pilgerruf:

»Labbayka Allahumma Labbayka!« »Hier bin ich, zu Deinen Diensten, o Allah! Hier bin ich, zu Deinen Diensten; hier bin ich, zu Deinen Diensten; es gibt keinen Gefährten für Dich; hier bin ich, zu Deinen Diensten; Dein ist die Herrlichkeit, und der Reichtum, und die Macht auf Erden. Es gibt keinen, der Dir ein Gefährte wäre.«

»Die Stadt Mohammeds«, sagte Vater. »Denkt nur, der Prophet hat auf diesen Straßen gepredigt!«

Ein merkwürdiges Gefühl der Ruhe kam über mich. Alle Sorgen über die Zukunft waren verschwunden. Ich fühlte mich eins mit allen anderen Pilgern, auf der Suche nach einer unsichtbaren Kraft, die genauso geheimnisvoll und ewig war wie die sieben Hügel, die die Stadt umgaben.

Kapitel 3

Das Wasser des Lebens

Die Herberge für die Pilger lag in einiger Entfernung von der Heram-Moschee. Abdulla, den der Scheich als unseren Führer gedungen hatte, begrüßte uns am Eingangstor. Er und Vater schüttelten sich die Hände und umarmten sich.

»*Alhan Wa salan* (Willkommen)«, sagte Abdulla.

»Sei gegrüßt«, erwiderte Vater. Man konnte spüren, daß er diesen Araber ohne weiteres als Bruder und gleichwertigen Partner akzeptierte, ein wesentliches Merkmal bei der Pilgerreise.

»Bitte, tretet ein. Ihr seid willkommen im Namen Allahs«, fuhr Abdulla fort. »Ich habe den Brief Seiner Exzellenz, des Scheichs, erhalten. Eure Zimmer sind vorbereitet...« Es folgte eine Diskussion über Opferlämmer. Vater bestellte zwei Stück pro Person, also insgesamt acht Lämmer.

Ein Wonneschauer durchlief mich. Das Opferfest *(Eid al Adha)* zu Ehren der Bereitschaft des Patriarchen Abraham, seinen Sohn Ismael zu opfern, war der Höhepunkt der Pilgerfahrt. Vater wollte sichergehen, daß unsere Gebete ganz besonders wirksam waren, darum sollte das Blut so vieler Lämmer fließen.

Unsere Zimmer lagen nebeneinander im gleichen Stockwerk. Wir hatten zwei Zimmer mit separaten Badezimmern. Die Einrichtung war äußerst einfach und spärlich; zum Schlafen waren *charpais* vorhanden. Voller Sehnsucht dachte ich an meine wattegepolsterte Matratze auf dem *palung* zu Hause. Ein Geflecht aus Bindfaden mit einer Roßhaarmatratze als Auflage war bei weitem nicht so bequem, zumal die linksseitige Lähmung das Umdrehen erschwerte. Trotzdem, das gehört nun einmal alles zu einer Pilgerreise. Für die nächsten Tage und Wochen würden Hunderttausende die Stadt Mekka und die ganze Umgebung bevölkern, sich in den

Hotels und Pensionen drängen oder einfach unter freiem Himmel kampieren. Auf Bequemlichkeit mußte weitgehend verzichtet werden, und niemand würde protzig seinen Reichtum zur Schau stellen. Wer sich beschwerte, arrogant und stolz auftrat oder gar bei der Hitze und den starken äußeren Belastungen die Geduld verlor, hatte den guten Zweck der Reise verfehlt, wie Vater uns erklärte.

Der Ventilator an der Decke unseres Zimmers bewegte die schwere, heiße Luft im Kreis herum in dem vergeblichen Bemühen, uns Kühlung zu verschaffen. An den Fenstern hingen grünliche Vorhänge, die zum Schutz vor der Sonne zugezogen waren und beinahe den Eindruck erweckten, als befänden wir uns in einem Aquarium. Zusätzlich gab es noch dünne Metallgitterstäbe, durch die ich in der Ferne die Umrisse der großen Moschee mit ihren Minaretts erkennen konnte, die wie Finger nach oben in den Himmel wiesen.

Ausgestreckt auf meinem *charpai* liegend, hörte ich das unaufhörliche Schlurfen der flachen Ledersandalen, die die Pilger trugen. Ein Stimmengewirr babylonischen Ausmaßes drang an mein Ohr. Die Geräuschkulisse war durchzogen von dem hypnotischen Gesang vieler Koranverse sowie dem immer wiederkehrenden Ausruf: »*Allahu Akbar* – Gott ist groß!« Ein Gefühl der Erregung durchströmte mich. Es war einfach wunderbar, hier zu sein – ein Erlebnis, das das ganze Leben lebenswert machte. Meine Dienerinnen empfanden genau das gleiche wie ich:

»Was für ein Glück, daß wir bei dir angestellt sind und diese Reise mitmachen können«, bemerkte Salima, während sie und Sema mir bereits zum zweiten Mal an diesem Tag halfen, eine kühle Dusche zu nehmen. Für sie bedeutete es wirklich ein ganz besonderes Vorrecht, denn viele fromme Moslems auf der ganzen Welt sehnten sich in diesem Augenblick danach, in Mekka zu sein, konnten sich dies aber aus zeitlichen und finanziellen Gründen nicht erlauben. Der *Haddsch* konnte bis zu einem Monat dauern, wenn man alle heiligen Stätten besuchte.

Vater traf einige seiner Geschäftsfreunde aus Lahore, Rawalpindi, Peshawar und Karatschi, aber ausnahmsweise sprach man einmal nicht über Baumwoll- und Weizenpreise. Nein, weltliche Dinge hatten an diesem Ort nichts zu suchen, und alle Unterschiede in bezug auf Herkunft, Nationalität, Leistung, Beruf und

Stand waren gänzlich aufgehoben. In dem riesigen Speisesaal der Herberge saßen Herr und Knecht beim Essen Seite an Seite; jegliche Standesunterschiede waren durch den *Ihram,* das Pilgerkleid, verdeckt. Die Männer trugen ein einfaches, nahtloses Baumwolltuch um die untere Körperhälfte geschlungen, ein zweites um die Schultern. Alle Frauen waren in schlichte, lange weiße Gewänder gehüllt und trugen Kopfbedeckungen und weiße Strümpfe, aber keinen Schleier. Auf den Spuren des Propheten waren alle Menschen vor Gott gleich. Mit tiefem Ernst in der Stimme erklärte Vater mir:

»Sobald du den *Ihram* anlegst, verläßt du dein altes Leben und trittst in ein neues ein. Dieses Gewand ist gewissermaßen dein Totenhemd. Wenn du darin stirbst, kommst du ohne Aufenthalt direkt in den Himmel.«

Auf dem Weg zum Gebet in der Moschee traf Vater auf der Straße einen alten Schulfreund.

»Attaulaah ist auch hier«, erzählte er uns. »Er ist ein wahrer Muslim – er gibt Almosen für die Armen in Pakistan. Außerdem ist er sehr fromm. Dieses hier ist schon seine dritte Pilgerreise.«

Die Pflicht, alljährlich einen bestimmten Teil des Einkommens für die Armen zu geben, ist der dritte Grundpfeiler des Islams, unter dem Namen *Zakat* oder Armensteuer bekannt. Der vierte Pfeiler ist das Fasten von Tagesanbruch bis zum Sonnenuntergang während des neunten Monats des Mondjahrs, des Monats Ramadân. Im Anschluß an den Fastenmonat wird die *Zakat* oder Armensteuer gegeben.

»Du bist doch auch sehr fromm, Vater«, dachte ich, »du gibst Almosen und bist ebenfalls zum drittenmal in Mekka, und kein anderer als du hat mich das Beten gelehrt.« Ich betrachtete seine Stirn. Deutlich war in ihr die Vertiefung, *Mihrab* genannt, zu sehen, die ihren Namen von der nach Mekka weisenden heiligen Nischenwölbung jeder Moschee erhalten hatte. Diese Vertiefung entsteht durch das wiederholte zu-Boden-Pressen der Stirn beim Gebetsritual und ist das Erkennungszeichen eines Menschen, der viel betet. Das Gebet wiederum ist der zweite Grundpfeiler des Islams.

Ich ging am ersten Tag überhaupt nicht mehr nach draußen, sondern blieb in meinem Zimmer, betete, las den Koran und bereitete mich auch sonst auf den nächsten Tag vor. Wir wollten die Kaaba besuchen, und es würde bei der Hitze und dem Menschengewühl bestimmt sehr anstrengend werden. Salima und Sema brachten mir etwas zu essen und leisteten mir dann Gesellschaft.

»So viele Leute sind hier, und trotzdem ist es so still und friedlich«, bemerkte Salima im Lauf des Abends. Das stimmte. Die Straßen waren vollgestopft mit Pilgern, und trotzdem herrschte eine Atmosphäre der Ruhe. Es gab kein Hasten und Jagen. An diesem Ort zu sein, bedeutete das Paradies auf Erden – die Erfüllung aller Wünsche.

Als der Muezzin bei Sonnenuntergang seinen Ruf von den Minaretts der Moschee erschallen ließ, hielt jeder, der sich in Mekka aufhielt, auf der Stelle inne und wandte sich der Kaaba zu, dem mächtigen Symbol der Einheit für Millionen von Muslims auf der ganzen Welt. Er stand aufrecht, die Handflächen an beide Seiten des Gesichts gelegt. »Gott ist groß«, betete er. Dann wurden die Arme gesenkt und die rechte Hand auf den linken Arm gelegt, bei den Frauen oberhalb der Taille und bei den Männern darunter. »Dir sei alle Ehre, o Allah! und Dir gebührt das Lob; gesegnet ist Dein Name und hoch erhoben Deine Majestät; außer Dir ist keiner, der der Anbetung würdig wäre.« Nun folgten verschiedene andere Gebete, die *Fatiha,* einige Koranverse und wieder das *Allahu Akbar.* Dann neigten die Beter sich vornüber, wobei die Hände auf den Knien lagen: »Wie glorreich ist mein Herr, der Erhabene!« Sie stellten sich wieder aufrecht hin, die Hände an die Seiten gelegt: »Allah hat achtgehabt auf die Stimme dessen, der Ihn lobte; unser Herr, gepriesen seist Du.« Dann warfen sie sich unter erneuten *»Allahu Akbar«*-Rufen zu Boden: »Alle Ehre sei meinem Herrn, dem Allerhöchsten« (dreimal wiederholt). Sie richteten sich zu einer knienden Position auf: »Oh Allah! vergib mir und sei mir gnädig!« Von neuem warfen sie sich der Länge nach zu Boden. Das ganze bildete einen vollständigen *Rakat,* dem aufs neue verschiedene Körperverneigungen und Gebete folgten.

Wegen meiner Behinderung führte ich das heilige Ritual mit Hilfe meiner Dienerinnen im Sitzen aus, wobei der *Mihrab* auf meinem Gebetsteppich in Richtung der Kaaba wies.

War das alles nur ein Traum, aus dem ich irgendwann in meinem

Zimmer zu Hause aufwachen würde, oder sagte ich wirklich hier am Mittelpunkt der Erde meine Gebete her? Eine knisternde Vorfreude schoß durch mein Herz, eine ungestüme Erregung erfaßte mich. »Nur hier zu sein, o Gott, ist genug, auch wenn ich nicht laufen kann.« Mit eigenen Augen Gottes Haus sehen zu dürfen, das Abraham selbst erbaut hatte, war ein Geschenk, für das es sich bis zum Ende zu leben lohnte.

»Es ist wahr, du hast jetzt vierzehn Jahre deines Lebens als Krüppel zugebracht«, sagte ich zu mir selber, »aber hier, wo der Glaube am stärksten ist, wo so viele Gebete konzentriert zu Gott emporsteigen, wird Er gewiß die Bitten deiner Angehörigen vernehmen, und Mohammed wird für dich eintreten, damit du gesund wirst.«

Wenn ich über Gott nachdachte, stand mir kein bestimmtes Bild vor Augen. Wie hätte man sich Ihn, den Ewigen, auch bildlich vorstellen können? Obwohl der Koran Ihn mit neunundzwanzig Attributen oder Namen belegte, konnte man Ihn im Grunde doch nicht erfassen. Es gab nichts Menschliches an Ihm, so hatte man mich gelehrt. Meine Lippen formten leise die Worte der mir seit langem so vertrauten *Fatiha:*

Dir dienen wir und zu dir rufen um Hilfe wir;
Leite uns den rechten Pfad,
Den Pfad derer, denen du gnädig bist...«

Für den Mohammedaner gleicht das Leben einer Straße. Irgendwo auf dieser Straße befindet sich jeder Mensch zwischen Geburt und Tod, zwischen der Erschaffung und dem Gericht. Auch ich befand mich auf dieser Reise, die, obwohl ich das Ziel noch nicht sehen konnte, doch bis zum Ende meines Lebens dauern würde.

Am nächsten Morgen standen wir alle bereits vor Tagesbeginn auf und machten uns nach dem Gebet und einem kleinen Frühstück auf den Weg zur Kaaba. Vater hatte einen Rollstuhl für mich besorgt. Meine beiden Dienerinnen gingen neben mir her, und Vater schritt voraus. Viele kranke und alte Menschen wurden auf die gleiche Art und Weise befördert. Ich saß, von Kissen gestützt, in meinem Gefährt und genoß das geschäftige Treiben um mich her in vollen Zügen. Tausende und Abertausende von Männern und

Frauen jeglichen Alters und unterschiedlichster Nationalität drängten zum Hause Gottes hin. Nie zuvor in meinem Leben hatte ich so viele Menschen auf einem Haufen gesehen, alle mit dem gleichen Ziel –, weder in Lahore, noch in Rawalpindi, wohin Vater mich manchmal im Auto mitgenommen hatte, nicht einmal in London. Die Menschenmenge flutete unaufhaltsam vorwärts. Alle hatten sie nur einen Gedanken, kannten nur ein Ziel: die große Moschee. Auf dem ganzen Weg wurde gebetet, und überall waren rhythmisch gesprochene Koranverse zu hören.

Massige Außenmauern, von Toren unterbrochen, umgaben die uralte Haram-Moschee. Ehe wir hinein konnten, mußten wir uns am Tor einer Leibesvisitation unterziehen, Männer und Frauen getrennt. Vater hatte mich schon darauf vorbereitet und erklärt:

»Es gehen Gerüchte um, wonach Ungläubige mehr als einmal versucht haben, in unsere heiligen Stätten einzudringen, um sie zu entweihen und großen Schaden darin anzurichten.«

»Was hat man mit ihnen gemacht, Vater?« fragte ich ängstlich.

»Nun, ich nehme an, man hat sie erschossen«, gab er zurück. Ich schüttelte mich im Gedanken an eine solche Strafe, empfand jedoch gleichzeitig, daß sie sie für ihre Bosheit verdient hatten.

Wir betraten einen weiten Platz, der von hohen Minaretts beherrscht wurde. In der Mitte ragte die Moschee empor, die im 8. Jahrhundert begonnen, inzwischen aber beträchtlich erweitert worden war, um mehreren tausend Gläubigen Platz zu bieten. Unsere Gesellschaft überquerte die auf dem Boden ausgebreiteten Teppiche. Unsere Schuhe hielten wir dabei in der Hand, gaben sie anschließend ab und erhielten dafür eine numerierte Karte. Dann traten wir durch ein weiteres Tor in den inneren Hof ein. Wir befanden uns wiederum auf einem weitläufigen Platz, in dessen Mitte der große würfelartige Bau aus Granitgestein stand, die Kaaba, das Haus Gottes, mit schwarzem Brokat bespannt, auf den in Goldbuchstaben die Namen Gottes eingestickt waren.

Der ganze weitläufige Platz war weiß von Tausenden und Abertausenden von Pilgern, deren Gesichter alle auf die Kaaba hingerichtet waren. Um die Kaaba herum gingen oder liefen die Menschen entgegen dem Uhrzeigersinn.

Fußwege aus Marmor strahlten von der Mitte aus in alle Himmelsrichtungen. Wir betraten einen dieser Wege und kamen zu einem runden Platz. Hier wurde ich in eine hölzerne *palki* oder Sänfte gesetzt, die von vier kräftigen Männern getragen wurde, und schon befanden wir uns mitten im Gewühl der herumsausenden Gestalten. Rund um die Kaaba ging es, dreimal im vollen Lauf und viermal im Schrittempo, wobei ich in meiner *palki* auf und ab hüpfte wie die Schaumkrone auf einer Meereswelle. Jedesmal, wenn wir an dem schwarzen Stein an der nordöstlichen Ecke vorbeikamen, den Mohammed mit eigener Hand dort aufgestellt hatte, erhoben wir die Arme und riefen: »*Allahu Akhar* – Gott ist groß!« Es war eine holperige Angelegenheit, ich schaute besorgt zu Vater hinüber, aber er schien nichts von der Hitze, dem Gedränge von Menschen und der ganzen Unbequemlichkeit zu merken. Er war in Mekka, das war alles, was er begehrte.

Bei unserer letzten Umrundung der Kaaba fanden wir uns am schwarzen Stein wieder. Man hatte mir gesagt, dieser Stein sei einst Adam von Gott zugeworfen worden. Er verkörperte ein mächtiges Symbol unseres Glaubens; Gott selbst, Adam und auch Mohammed hatten ihn in ihren Händen gehalten. Die Träger schoben sich und uns vorwärts und senkten meine *palki*. Dann half man mir, mich vorzubeugen, um den schwarzen Stein küssen zu können. Er war mit Silber eingefaßt und mit Parfum eingesprüht worden. Ich schloß die Augen und fühlte mich innerlich mit dem Propheten verbunden. Der Stein fühlte sich gar nicht an wie Stein. Er schien meinen Lippen warm, und um mich herum herrschte ein Gefühl tiefen Friedens. Ich sagte: »Bitte, heile mich, und heile auch die anderen!«

Doch nichts geschah. Salima und Sema zogen mich hoch, und wir gingen weiter. Ich hielt den Kopf gesenkt, um Vaters betrübten Blick nicht sehen zu müssen. Als nächstes suchten wir den Platz auf, wo Abraham gebetet hatte, und sprachen dort unseren Herzenswunsch nochmals aus. »Bitte, heile mich«, betete ich.

Der nächste Punkt des Rituals schrieb vor, zwischen Safa und Marwa hin- und herzulaufen, zwei kleinen Erhebungen innerhalb der großen Moschee, die ungefähr 800 Meter auseinander lagen. Hagar und Ismael sollen unter diesen Hügeln begraben sein.

»Das ist wirklich ein tolles Spiel«, dachte ich, hütete mich aber, diesen Gedanken laut auszusprechen. Lachen wäre hier fehl am Platz gewesen, denn alle anderen nahmen die Sache sehr ernst. Ich wurde wieder in einen Rollstuhl gesetzt und auf einem Marmorpfad siebenmal zwischen Safa und Marwa hin- und hergeschoben. Damit sollten die Schritte nachvollzogen werden, die Hagar gemacht hatte, als sie für ihren Sohn Ismael Wasser suchte, nachdem sie beide verstoßen worden waren. Nach der Überlieferung öffnete Gott ihnen eine Quelle, Abb-a-Zamzam (das Wasser des Lebens) in der Nähe. Dort konnten die Leute Wasser kaufen und aus Metallbechern trinken. Vater sorgte dafür, daß wir auch einen Becher voll bekamen. Außerdem kaufte er einen ganzen Schlauch dieses Wassers mit der Auflage, ihn uns in die Herberge zu liefern. Wir wollten etwas davon mit nach Pakistan nehmen, und in dem Rest sollte ich mich baden.

Alle diese Rituale hatten fast den ganzen Tag in Anspruch genommen, ohne daß wir etwas gegessen oder uns ausgeruht hatten. Jetzt kehrten wir in die Herberge zurück, um auf das nächste Ereignis zu warten. Es war eine Wanderung nach Arafat, einem Ort ca. 11 Kilometer von Mekka entfernt, wo nach mohammedanischem Glauben Gott den Abraham versuchte, indem Er ihn aufforderte, Ismael, seinen Erstgeborenen, zu opfern. Als Gott den Gehorsam Abrahams erkannte, brach Er die Opferhandlung ab und sorgte für ein stellvertretendes Opfertier, einen Widder, der sich in einem Dickicht verfangen hatte. Auf dem Hin- und Rückweg besuchten wir Mina und warfen dort mit Steinen auf drei Säulen, Sinnbilder für die Teufel, die Abraham dazu bringen wollten, die Opferung seines Sohnes zu verweigern. Alle lachten über die häßlichen Säulen, während sie sie mit Steinen oder mit ihren Schuhen bewarfen. Jemand mit Schuhen zu bewerfen, war eine schlimme Beleidigung.

Als nächstes begaben wir uns an den Opferplatz vor der Stadt und warteten dort in einer langen Schlange von Menschen, bis wir zu dem Schlachter kamen, der über unsere Lämmer Bescheid wußte. Er hielt das Messer in der einen Hand, mit der anderen hielt er das Lamm fest. Ich faßte das Messer mit an, während der Mann das Lamm schlachtete. Das Blut lief vom Hals des Tieres in die Rinne, und es zuckte und zappelte, als versuche es, sich loszureißen. Ich hatte kein Mitleid mit dem Lamm –, sein Tod war lediglich die Erfüllung des Gebots zu opfern. Dann kam ein anderer Schlachter, der das Lamm mitnahm und ihm die Haut abzog. Wir konnten nicht bleiben, bis alle unsere Lämmer geschlachtet waren, weil zu viele Menschen in der Reihe standen, aber es wurde alles bestens erledigt. Unsere Lämmer wurden auf der Liste abgehakt und würden später geopfert werden. Wir sahen zu, wie andere Leute an unsere Stelle traten, um ebenfalls ihre Lämmer, Ziegen oder Kamele zu opfern. Bis zu sechs Menschen konnten sich ein Kamel als Opfertier teilen, erklärte uns Vater. Ich war froh, daß wir nicht so lange warteten, bis ein Kamel geschlachtet wurde.

Was mit dem Fleisch geschah, wußte ich bereits; Vater hatte es mir gesagt:

»Zum Teil wird es an die Armen verschenkt –, sie essen gut während des *Haddsch.* Einen Teil bekommen wir in der Herberge zu essen. Aber das meiste wird verbrannt. Man kann es bei diese Hitze nicht lange aufheben.«

Die Pilger blieben für drei Tage in Mina. Am zweiten Tag zogen sie ihre normalen Kleider wieder an, und die heißen, staubigen Straßen erblühten zu einer herrlichen Farbenpracht verschiedenster Nationaltrachten. Die Männer rasierten sich die Köpfe kahl oder ließen sich die Haare kurz schneiden, und auch bei den Frauen wurden sie wenigstens um zwei Zentimeter gekürzt. Einer wünschte dem anderen einen »Glücklichen *Haddsch«.* Es waren Tage des Feierns mit alten und neuen Freunden. Alte Zwistigkeiten wurden beigelegt, und Menschen versöhnten sich untereinander.

»Wie schön wäre es auf dieser Welt, wenn wir den Geist des *Haddsch* für den Rest unseres Lebens beibehalten würden«, sagte mein Vater.

Wir blieben wegen meiner Behinderung allerdings nicht in Mina, sondern kehrten in unsere Herberge zurück. Kurz darauf saß ich auf einem Schemel in der Badewanne, gestützt von Sema. Während ich ein Gebet nach dem anderen hersagte, goß Salima mit einem Plastikeimer das Wasser aus der Zamzam-Quelle über mich.

In jenem Augenblick erwartete ich wirklich, geheilt zu werden und die ganze schreckliche Lähmung zu verlieren. Aber es geschah überhaupt nichts. Meine Glieder waren immer noch schwer wie

Blei. Noch schwerer aber war mir das Herz, als meine Dienerinnen mich aus der Wanne hoben, abtrockneten und wieder anzogen.

Vater hatte im Zimmer nebenan darauf gewartet, daß ich höchstpersönlich die Tür öffnen und auf meinen beiden Beinen zu ihm hineinkommen würde. Als das nicht geschah, kam er nach einer Weile in mein Zimmer.

»Heute war es eben nicht Allahs Wille. Aber wir wollen die Hoffnung trotzdem nicht aufgeben. Gott ist groß«, sagte er nur und ging leise hinaus.

Nach Beendigung aller vorgeschriebenen Rituale kehrten viele der *Hadschi* (Pilger) nach Hause zurück, wo sie in Zukunft hoch geachtet sein würden. Einige ließen sogar das Wort *»Hadschi«* auf ihre Visitenkarte drucken oder schrieben es auf ihr Firmenschild, um damit zu dokumentieren, daß sie ehrliche Menschen waren. »Bei manchen gäbe ich etwas darum, wenn ich es glauben könnte«, sagte Vater mit dem Anflug eines Lächelns.

Viele der Pilger reisten aber auch weiter nach Medina, der zweitwichtigsten Stadt der Mohammedaner, und wir gehörten zu dieser Gruppe. Medina liegt 400 Kilometer von Mekka entfernt. Dort hat Mohammed zehn Jahre lang gelebt, nachdem er aus Mekka vertrieben worden war. Dort war es auch, wo er im Jahre 622 den Islam gründete, womit das moslemische Zeitalter begann. Mohammed brachte die letzten Jahre seines Lebens in Medina zu, und wir wollten uns sein Mausoleum ansehen. Viele Geschichten, die mich schon als Kind begeistert hatten, rankten sich um diese Stadt.

Die Moschee in Medina ist ein prachtvolles Bauwerk. Wir wandelten über dicke, herrlich weiche Teppiche und erwiesen Mohammeds Grabstätte unsere Reverenz. Sie war überdacht, mit Teppichen ausgelegt und ringsherum mit Glaswänden eingefaßt. Die Leute konnten herumgehen, wobei sie dem Grab durch das Glas hindurch Kußhände zuwarfen. Auch Geld und Blumenkränze wurden hineingeworfen. Die Wärter hoben sie auf und schmückten das Grab damit.

Im Hof saßen viele Menschen und sangen fromme Lieder. Weil Vater ein *Pir* war, fragte er, ob ich etwas näher an Mohammeds Grab heran dürfe. Daraufhin öffneten die Wärter die Eingangstür, und ich saß für zwei oder drei Minuten in meinem Rollstuhl in der

Nähe der Tür und betete. Es war ein wunderbares Erlebnis. Wir besuchten noch weitere Gräber in der Umgebung und statteten zum Schluß Fatimas Dattelhain einen Besuch ab. Mohammed hatte ihn einst für seine Tochter anlegen lassen. Wir kauften einen Korb mit fünfzehn Kilogramm Datteln (sehr teuer!), um sie mit unseren Angehörigen zu Hause zu teilen.

In Medina mußten wir Abschied von Qazi nehmen. Vater gab ihm einen Briefumschlag mit *Bakschisch* (Trinkgeld). Er war immer freundlich und hilfsbereit gewesen, und es tat uns richtig leid, als er mit dem Wagen davonfuhr. Wir hatten ihm natürlich viele Grüße an den Scheich aufgetragen.

Von Medina flogen wir weiter nach Bethel Mukkoudus (Jerusalem). Die Stadt war vollgestopft mit Pilgern aus drei verschiedenen Religionen: Moslems, Juden und Christen. Unser Pilgermonat verschiebt sich jedes Jahr um zehn Tage, nach dem Stand des Mondes. In diesem Jahr fiel er gerade mit dem jüdischen Passahfest und dem christlichen Osterfest zusammen. Die Moschee in Jerusalem heißt *Al-Masjid al-Agsa,* die entfernteste Moschee, und Mohammed hat in ihre Richtung gebetet, bevor Mekka sein Zentrum wurde.

Die Geschichte des Felsendoms gleich nebenan ist mit Abraham verknüpft. David hat das Grundstück gekauft und Salomo seinen Tempel darauf errichtet, der später von Titus zerstört wurde. Hier ist der Prophet Jesus ein und aus gegangen und hat das Volk gelehrt. Die einzige vom Tempel übriggebliebene Mauer ist die Klagemauer, der Platz, an dem die Juden um ihre verlorene Herrlichkeit klagen.

Wir blieben nur für eine Nacht in einer Herberge in der Nähe des Felsendoms. Ich verzichtete jedoch auf einen Besuch dort, denn ich war furchtbar enttäuscht darüber, daß ich nicht geheilt worden war.

Am folgenden Tag flogen wir nach Kerbela im Irak, um den Ort zu sehen, an dem Mohammeds Enkel Hussein mit seiner Familie und seinen Knechten begraben liegt, alles in allem 72 Menschen. Die Stadt war einst Schauplatz einer furchtbaren Schlacht, bei der Hussein und seine 72 tapferen Gefolgsleute gegen den Kalifen Yazid von Syrien kämpften und ermordet wurden. Ihr Todestag ist seither für uns Schiiten ein besonderer Gedenktag, an dem Trauerzüge durch die Straßen veranstaltet werden und Männer und Jungen sich selbst auspeitschen. Im Monat Moharrum tragen die Leute Schwarz, und in einer Stadt wie Jhang würde es niemandem einfallen, in dieser Zeit eine Hochzeit in der Familie zu feiern.

Auch in Kerbela beteten wir um meine Heilung, aber vergeblich. Wir waren inzwischen einen Monat unterwegs, und es wurde Zeit, nach Hause zurückzukehren. Während wir auf das Flugzeug nach Karatschi warteten, sah Vater freundlich auf mich herunter und sagte tröstend:

»Gott prüft dich und mich. Verliere deswegen aber nicht den Mut! Vielleicht wirst du später irgendwann doch noch geheilt.«

Lieber, guter Vater, wie geduldig und treu war er doch! Er wollte mir Mut machen, und seine Worte verfehlten ihre Wirkung nicht. Mein welkender Glaube wurde zu neuem Leben erweckt.

»Gut«, sagte ich, »ich will die Hoffnung nicht aufgeben. Ich will dem Propheten und Allah treu bleiben.« Und dann lachte ich, um ihm zu zeigen, daß es mir nicht allzuviel ausmachte, in dem Zustand nach Hause zu fliegen, in dem ich abgereist war.

Er beugte sich nieder, um mir einen Kuß zu geben. »Das habe ich auch nicht anders von dir erwartet«, sagte er.

Auch meine Dienerinnen flüsterten mir zu: »Bihi, warte einfach ab, bis Allah eingreift!«

Also flogen wir über Karatschi zurück nach Lahore. Wir waren überzeugt, daß irgendein spezieller Segen aufgrund der Pilgerreise über mich kommen mußte, aber es war uns auch klar, daß wir Allahs Zeit abwarten mußten, bis dieser Segen offenbar werden würde. Am Flughafen in Lahore wurden wir von unserer Familie und der Dienerschaft begrüßt. Sie hatten Girlanden von stark riechenden orangefarbenen und gelben Ringelblumen mitgebracht, die sie uns um den Hals hängten. Sie riefen *Allahu Akbar* und wollten uns alle berühren, denn es galt als besonderer Segen, wenn man einen *Hadschi* berühren durfte. Dann schauten sie auf mich, die ich immer noch verkrüppelt war, sagten aber nichts dazu.

Vater erklärte meinen Geschwistern:

»Gott ist nicht ungerecht. Wir müssen nur Geduld haben und Seine Zeit abwarten.«

»Das stimmt. Unsere Schwester muß Geduld haben und warten.«

Wir übernachteten in Lahore in einem Bungálow, der einem unserer Verwandten gehörte, und fuhren am nächsten Tag alle gemeinsam zurück nach Jhang, wo wir von den zu Hause Gebliebenen freudig begrüßt und willkommen geheißen wurden.

Kapitel 4

Die Hochzeit

Die Rückkehr von unserer Pilgerreise war beinahe ebenso aufregend wie die Abreise.

»Laß mich dich noch einmal anfassen«, sagte Samina. Und sie wollte immer wieder von neuem wissen, was wir alles gesehen und unternommen hatten. Es war jedesmal das gleiche, wenn Pilger aus Mekka zurückkamen. In Scharen strömten die Einwohner von Lahore zum Bahnhof, riefen *»Ya Mohammed«* und *»Ya rasool Arbi«* und versuchten die *Hadschi* zu berühren, wenn sie mit dem Zug aus Karatschi ankamen. Damit hofften sie, ein Stück des Segens zu erhaschen, den die anderen zu einem hohen Preis erworben hatten.

Die Aufregung dauerte einen ganzen Monat. Während dieser Zeit kamen die Verwandten von nah und fern herbeigereist, und viele Leute aus der Stadt stellten sich ebenfalls ein. Sie brachten kleine Geschenke zur Begrüßung der Heimgekehrten mit, wie es die Tradition vorschrieb. Unsere Verwandten und ein paar unserer speziellen Freunde bekamen ein Fläschen des mitgebrachten heiligen Wassers aus der Zamzam-Quelle. Auch der Mulla, der jede Woche zu Besuch zu Vater kam und stundenlang mit ihm über den Koran und den *Hadith* diskutierte, erhielt eine Flasche.

Was mich betraf, so wünschte mir jeder auf ganz neue, bedeutungsvolle Art und Weise »Gottes Segen«, denn ich war ja mit auf der Pilgerreise gewesen. Natürlich hatten wir alle gehofft, daß ich geheilt worden wäre, aber dieser Wunsch war bis jetzt nicht in Erfüllung gegangen. Falls es hier und da unterschwellig Kritik an diesem Umstand gab, so drang sie doch nicht bis zu mir durch. Meine Angehörigen seufzten nur, gaben mir einen Kuß und sagten: »Gott wird dich eben später heilen, Bibi-ji. Wir müssen uns unter Seinen Willen beugen.«

Obwohl also einerseits eine große Traurigkeit mein Herz erfüllte, weil wir offensichtlich den Zweck unserer Pilgerreise verfehlt hatten, war auf der anderen Seite doch ein gewisses inneres Wachstum bei mir zu verzeichnen. Ich hatte mehr gesehen und erlebt als die meisten Einwohner unserer Stadt, von denen viele trotz lebenslangen Sparens doch niemals genug Geld haben würden, um eine Pilgerfahrt zu unternehmen. Die Intensität der Empfindung, wie ich sie an der Kaaba erlebt hatte, war mir erhalten geblieben, und ich ahnte ganz schwach etwas von der »Reise des Herzens«, die zum Beispiel die *Sufis* (mystisch fromme islamische Asketen) unternehmen und von der die Pilgerreise nach Mekka nur ein äußeres Symbol ist. Ziel dieser Reisenden ist die völlige Ergebung in den göttlichen Willen –, das Wort Islam bedeutet »Ergebung«. Natürlich hätte ich es mit vierzehn Jahren nicht so präzise ausdrücken können, aber ich erinnere mich gut daran, wie stark in mir die Gewißheit wuchs, daß ich mich von allem, was mich innerlich beschmutzen könnte, fernhalten und mich mehr und mehr dem Gebet widmen sollte.

Wenn der Gebetsruf erscholl, war ich noch eifriger als früher darauf bedacht, mich mit Hilfe von Salima auf meinem Gebetsteppich, dessen *Mihrab* in Richtung der Kaaba wies, zu verneigen. Das tat ich nicht mehr nur deshalb, weil ich entsprechend gelehrt worden war, sondern weil ich jetzt selber ein Bedürfnis dazu verspürte. Da ich nicht wußte, wie ich sonst mein Herzensgebet um Heilung zum Ausdruck bringen konnte, ließ ich mehrmals am Tag die Perlenschnur, die ich aus Medina mitgebracht hatte, durch meine Finger gleiten und sagte bei jeder Perle die *bismillah*-Formel her (»im Namen Gottes«). Unfähig, Gottes Willen in dieser Angelegenheit zu erkennen, fuhr ich, da keine Besserung zu verzeichnen war, fort, mechanisch meine Gebete herzusagen. Es hatte ganz den Anschein, als sollte es mein Leben lang so weitergehen.

Nach all der Aufregung, die wir während des ersten Monats nach unserer Rückkehr erlebt hatten, fiel der Juli wesentlich ruhiger aus. Ich glaube, Vater war meinetwegen besorgt. Plötzlich sagte er: »Wir wollen eine Hochzeit feiern.«

»O Vater!« – vor Freude hätte ich tanzen mögen. Ich liebte Hochzeiten über alles. Eines der ersten Dinge, an die ich mich zurückerinnern konnte – wenn nicht sogar das allerbeste –, war die Hochzeit meiner ältesten Schwester mit einem Cousin. Ich war damals vier Jahre alt, und Anis Bibi, die Braut, vierzehn.

Ich wußte noch genau, was für ein Kleid sie mir genäht hatte. Es war rot und aus dem gleichen Stoff wie das ihre. Ihr Kleid war reichlich mit Gold bestickt, und in ihrem Haar trug sie schönen Schmuck, außerdem ein Krönchen und einen mit Perlen besetzten Nasenring. An der rechten Hand hatte sie fünf Ringe, die durch einen *punjangla* an mehreren Armreifen, die sie ums Handgelenk trug, befestigt waren. Ihr *dopatta* war ein hauchdünnes Gebilde aus feinster Seide. Ich saß fast die ganze Zeit auf ihrem Schoß, und sie hielt mich fest und schützend im Arm, wobei sie mich an sich drückte, wie ich das manchmal mit meiner Puppe tat. Als der Mulla hereinkam, um die Eheschließungsworte zu sprechen, spürte ich, wie sie zitterte, und streichelte heimlich unter dem Schleier ihre Wange, die, wie ich feststellte, naß von Tränen war.

Alle männlichen Hochzeitsgäste saßen beim Bräutigam nebenan, alle Frauen und Mädchen bei uns. Der Bräutigam hatte nach alter Sitte noch nie das Gesicht seiner Braut gesehen, höchstens früher als Kind, aber das spielte keine Rolle. Er würde sie ganz bestimmt liebhaben. Jedermann hatte Anis Bibi gern, die unserer verstorbenen Mutter so ähnlich sah.

Es war eine großartige Hochzeit, zu der auch einige Leute aus den höchsten Kreisen kamen. Es gab viele Geschenke. Die Mitgift, die meine Schwester mitbekam, war reichhaltig und kostbar; Vater muß dadurch arm geworden sein. 21 Stück Vieh von jeder Sorte gingen mit Anis Bibi an ihr neues Zuhause, außerdem Geld, Gold, Geschenke für die Verwandten des Bräutigams – ein wahres Vermögen. Alle meinten, die Stadt habe nie zuvor eine solch glänzende Hochzeit erlebt.

Als Anis sich von mir verabschiedete, klammerte ich mich an ihren Hals und schluchzte herzzerbrechend. Sie war für mich Mutter gewesen.

»Ich werde dich bestimmt oft besuchen kommen«, versprach sie. Wirklich kehrte sie schon am folgenden Tag zurück, um, wie es Sitte war, noch für ein paar Tage im väterlichen Haus zu bleiben, ehe sie uns endgültig verließ, um bei ihren Schwiegereltern zu wohnen. Eine Zeitlang gab es noch Besuche hin und her, bis die jungen Leute alt genug schienen, um ihr eigenes Heim zu gründen.

Safdar Schahs Hochzeit fand im Haus der Braut statt und war das Gegenstück zu der meiner Schwester. Die Frauen unserer Familie nahmen nicht daran teil. Wir warteten, bis man Zenib, die Braut, am folgenden Tag zu uns brachte, zusammen mit ihrer prächtigen Mitgift. Sie blieb zwei Tage bei uns und kehrte dann für eine Woche ins elterliche Haus zurück. Braut und Bräutigam waren bereits seit ihrer Kindheit miteinander verlobt, hatten sich jedoch, der Sitte gemäß, noch nie gesehen. Allerdings war bei dieser Hochzeit die Braut älter, nämlich bereits achtzehn Jahre. Sie wohnte bei uns, bis Safdar Schah sein kaufmännisches Studium in einem College in Amerika beendet hatte, worauf er in eine Verpackungsfabrik in Lahore eintrat. Die beiden wohnten dann in Samanabad, wo sie einen hübschen Bungalow ihr eigen nannten.

Ich freute mich jedesmal, wenn sie zu uns kam. Sie hatte dann immer Zeit für mich, beschäftigte sich mit mir in meinem Zimmer, oder wir saßen zusammen auf der Schaukel in dem Teil des Gartens, der den Frauen vorbehalten war. Ich wurde, soweit es das Wetter zuließ, jeden Tag in meinem Rollstuhl hinausgefahren und saß zwischen Rosenbüschen und Gartenwicken, erfreute mich an den Orangen- und Mangobäumen und ließ mich von dem Plätschern der Springbrunnen einschläfern.

Wenn wir beide dort saßen, hielten sich die Gärtner in gebührender Entfernung auf, denn eine unsichtbare Linie trennte sie und uns voneinander.

Kurze Zeit später heiratete auch Samina und zog in eine Trabantenstadt von Rawalpindi zur Familie ihres Mannes. Dann war Alim Schah an der Reihe. Er hatte soeben sein Jurastudium beendet und zog mit seiner jungen Frau nach Samanabad, wo er Beamter beim Gaswerk wurde.

Für mich war eine Heirat natürlich ausgeschlossen. Die Verlobung mit meinem Cousin wurde aufgelöst, und er heiratete später eine andere Cousine, ein sehr nettes Mädchen von einem anderen Zweig der Familie.

Jetzt waren nur noch Vater und ich zu Hause, und für mich begann damit eine wunderschöne Zeit, in der ich Vaters Gesellschaft auf eine viel engere Art und Weise als bisher genießen konnte. Seine Kinder waren alle versorgt, und er brauchte sich ihretwegen keine Sorgen mehr zu machen. Wenn er einmal vor Gott Rechenschaft ablegen mußte, konnte er jedenfalls nicht beschuldigt werden, seine Pflicht ihnen gegenüber vernachlässigt zu haben. Zwischen uns allen bestand ein sehr enges Band familiärer Liebe und religiöser Überzeugung. Für uns Kinder war Vater das Vorbild, dem wir alle nacheiferten.

Es gab noch zwei Familienmitglieder, die ich bisher nicht erwähnt habe: Onkel und Tante. Sie waren im Jahr 1950 nach der Teilung Pakistans zu uns gekommen, ein Jahr vor meiner Geburt. Viele Menschen hatten damals ihre Heimat verloren, und Vater ließ, wie es seine Pflicht war, in allen Zeitungen einen Aufruf erscheinen, der jeden, welcher zur Sayed-Familie gehörte und sich in dieser Lage befand, aufforderte, sich zu melden.

Nach einer gewissen Zeit kam dieses Ehepaar also aus Karatschi angereist und wurde in die Familie aufgenommen. »Onkel« wurde zu einem »Bruder« ehrenhalber ernannt, und Vater half ihm, ein kleines Großhandelsunternehmen zu gründen. »Tante« übernahm nach dem Tode meiner Mutter die Führung des Haushalts und kümmerte sich um mich.

Ich hatte die beiden gern. Sie waren höflich und lieb, und ihre beiden Kinder lenkten mich von der Leere im Haus ab. Es waren ein Junge von zwölf und ein Mädchen von acht Jahren.

Tante war eine gutherzige Frau und voller Dankbarkeit dafür, wieder ein Dach über dem Kopf zu haben, aber auch besessen von der Erinnerung an das Leid, das ihrer Familie bei der Gründung Pakistans widerfahren war.

»Es war furchtbar, einfach furchtbar. Ich habe mitansehen müssen, wie mein Bruder vor meinen Augen ermordet wurde... oh, du kannst dir gar nicht vorstellen, was wir alles durchgemacht haben. Unser Haus hat man niedergebrannt...« Hier brach sie, überwältigt von ihrem Schmerz, jäh ab.

Ganz allmählich rückte jenes furchtbare Erleben bei ihr jedoch in den Hintergrund, nämlich als sie merkte, was für eine rosige Zukunft sich jetzt ihren Kindern bot. Ihre Tochter konnte, genau wie der Sohn, zur Schule gehen und etwas lernen. »Sie wird

Ärztin werden«, meinte Tante stolz. »Und Abas geht zur Armee.«

Beides waren angesehene Berufe. Für die Mädchen brachten die modernen Ausbildungsmethoden viele Probleme mit sich. Was konnten sie werden? Einige Berufe standen den Frauen offen, aber manche von ihnen hatten, besonders wenn sie in Großstädten wohnten, Vorstellungen, die sich nicht mit der Tradition vereinbaren ließen. Früher war es immer so gewesen, daß die Mädchen so früh wie möglich heirateten und ihren eigenen Hausstand gründeten.

»Meinst du nicht auch?« wollte Tante wissen.

Ich schreckte aus meinen Gedanken hoch. »Mag sein«, erwiderte ich.

»Ganz bestimmt«, fuhr Tante fort. »Meine Tochter soll studieren und ihr Examen als Ärztin machen. Denk nur, wie praktisch das ist, wenn sie einmal verheiratet ist und die Kinder krank sind!«

Es machte mir nichts aus, sie stundenlang ihre Geschichten herunterrasseln zu hören. Ich brauchte nur hier und da eine Bemerkung einzuwerfen, und schon ging der Redefluß weiter. Für sie bedeutete dies ein harmloses Vergnügen, und mir gab es Gelegenheit, an etwas anderes zu denken.

Tante und Onkel ersparten mir auch viele nervenaufreibende Sorgen hinsichtlich der Dienerschaft. Wie jeder bessere Haushalt, so hatten auch wir eine ganze Anzahl Bedienstete, die überwacht werden mußten und für deren Wohlergehen wir verantwortlich waren.

Salima war seit meinem siebten Lebensjahr bei uns. Als sie meine Pflege übernahm, war sie ein schüchternes Dorfmädchen von vierzehn Jahren. Später, als ich älter wurde, bekam sie eine Hilfe, Sema, die aus derselben Familie stammte wie sie.

Daneben hatten wir noch andere Angestellte, die dem *Munshi* oder Verwalter unterstanden. Er organisierte die Arbeit für sie von seinem Büro aus, das in der Nähe des Haupteingangs zu unserem Bungalow gelegen war. Seine Anweisungen erhielt er jeden Morgen von Vater persönlich. Er hatte dafür zu sorgen, daß die Einkäufe pünktlich erledigt wurden, daß die Mahlzeiten der jeweiligen Situation angepaßt waren, daß genug Vorräte vorhanden waren, daß die Briefe zur Post kamen, daß die Gäste ordentlich empfangen wurden und daß keine Rechnungen liegenblieben. Außerdem hatte er jede Woche einen genauen Bericht über sein Verwalteramt abzuliefern. Weiter unten auf der Liste der Befehlsempfänger, aber nicht weniger eine Persönlichkeit, war *chowkedar*, der Torhüter. Wenn ein Besucher draußen am Tor klingelte, war es *chowkedars* Aufgabe, herauszufinden, in welcher Angelegenheit er kam, und ihn dann, falls er ihn für einen ehrlichen Menschen hielt, an *Munshi* weiterzuleiten. Der seinerseits übernahm es, den Ankömmling zum richtigen Mitglied des Haushalts zu führen.

Vier Gärtner arbeiteten bei uns. Dita war der oberste Gärtner; er trug Sorge, daß Pflanzen gekauft und Löcher gegraben wurden, um sie einzusetzen, und daß Töpfe und Stauden den richtigen Standort bekamen – im Winter im sonnigen Garten und im Sommer in der schattigen Veranda. Der zweite Gärtner war dafür verantwortlich, daß Ditas Anweisungen befolgt wurden, der dritte überwachte den Brunnen und sorgte dafür, daß immer genügend Wasser zum Gießen und Sprengen sowie für die Springbrunnen in unserem Garten vorhanden war. Schließlich war da noch Ditas Sohn, der den Rasen mähte und die Anlagen in Ordnung hielt.

Im Haus gab es den Koch und seinen Gehilfen. Ich betrat die Küche und die Vorratsräume nie –, die unsichtbare Linie, die uns trennte, ließ so etwas nicht zu. Rahmat Bibi war unser Milchmädchen. Sie machte jeden Morgen frische Butter aus der Milch unserer Wasserbüffel. Lahraki trug die Speisen auf, und Sati half beim Servieren. Die beiden taten auch die übrige Hausarbeit.

So lag die Verantwortung und auch die Befehlsgewalt in den Händen vieler Einzelpersonen, deren Interessen sich mit den unseren deckten. Die Löhne waren nicht hoch, weil die meisten der Bediensteten auf unserem Gelände wohnten und Essen und Kleidung umsonst bekamen. Sie arbeiteten längst nicht so schwer wie die Leute außerhalb –, so dachte ich damals wenigstens.

Ich hätte meine beiden Dienerinnen niemals angeschrien und war froh, daß Tante, obwohl sie oft genug schimpfte, auch keinen anschrie. Einmal war ich allerdings Zeuge einer heftigen Auseinandersetzung mit dem *dhobi,* dem Wäscher, dem ein kostbares Gewand abhanden gekommen war. Ich war stets aufs neue überrascht, wie es möglich war, daß sich diese schmutzigen Kleidungsstücke innerhalb einer Woche in strahlend weiße Gewänder verwandelten und nach der Behandlung mit einem Holzkohlebügeleisen faltenlos glatt wiedergebracht wurden –, und das, obwohl der Wäscher in einer Lehmhütte wohnte, die lediglich eine Handpumpe in der Nähe hatte, mit der er fließendes Wasser pumpen konnte, ansonsten aber den Bewässerungskanal zum Waschen benutzen mußte.

Dhobi würde nie ein reicher Mann werden, aber auf seine Art und Weise lebte er nicht schlecht. Er erhielt seinen Lohn nicht bar ausgezahlt, sondern in Naturalien wie Weizen, einem Sack Reis usw. Was er nicht für sich selber verbrauchte, tauschte er in den umliegenden Dörfern gegen andere notwendige Dinge ein.

»Er lebt gar nicht schlecht. Ich wünschte, ich hätte es einmal so gut wie er, falls ich alles dieses verlieren sollte«, sagte Vater und machte mit den Händen eine umfassende Bewegung, um sein gemütliches Haus und Grundstück zu beschreiben.

Vater hatte seine eigenen Anschauungen, wenn es um die Arbeitsverhältnisse in einer Kultur wie der unsrigen ging. »Natürlich stimmt es, daß bei uns viele Dienstboten für wenige Leute zu sorgen haben, aber es kostet ja auch nicht viel, sie zu ernähren und zu kleiden. Sie sind genausosehr auf uns angewiesen wie wir auf sie. Ich wette, daß kein entwickeltes Land ein besseres System gefunden hat, um den ärmeren Bevölkerungsschichten Arbeit und Brot zu beschaffen.«

Ich hatte eine Lehrerin mit Namen Razia, die ins Haus kam, um mich sicher durch alle Schwierigkeiten des Lernens hindurchzuschleusen. Ihre Fächer waren islamische Religionskunde, Urdu, die Geschichte Indiens und Pakistans, Mathematik, Persisch sowie Grundbegriffe der Wissenschaft. Anstelle von Englisch hatte ich Urdu für Fortgeschrittene.

Razia war eine freundliche, rücksichtsvolle Frau, hochgewachsen und schön. Sie kam stets wie ein frischer Windhauch zu mir ins Zimmer, und ihr war es zu verdanken, daß ich Interesse an meiner Umwelt bekam. Ich fing an, die Nachrichten sowie religiöse Programme am Radio zu hören oder auch auf dem Fernsehschirm zu verfolgen. Vater hatte nach unserem Besuch in Mekka ein Fernsehgerät angeschafft, um mir die Enttäuschung darüber, daß ich nicht geheilt worden war, etwas leichter zu machen.

Eines Tages sagte Razia: »Du bist jetzt so weit, daß du deine Prüfungen ablegen kannst. Ich werde bald nicht mehr kommen können, um dich zu unterrichten.« Ich war wegen der bevorstehenden Prüfungen so aufgeregt, daß ich noch gar nicht richtig begriff, wie sehr ich den Unterricht vermissen würde.

Ich bestand das Abitur und saß anschließend den ganzen Tag tatenlos herum. Razia hatte eine neue Schülerin gefunden und konnte mich nicht mehr so oft besuchen.

Vater kam allerdings auch weiterhin Abend für Abend in mein Zimmer. Dort saß er, las die Zeitung, erzählte mir, was sich während des Tages an geschäftlichen Dingen zugetragen hatte, und berichtete über die neuesten Ereignisse in der Stadt. Hin und wieder machten wir auch einen Ausflug. Früher hatte ich gedacht, unsere Gegend sei das Zentrum des Staates Panjab und dieser natürlich der Mittelpunkt Pakistans. Neben der guten Qualität der Zuchttiere, mit denen bei uns gehandelt wurde, und der ständig wachsenden Zahl von Industrieansiedlungen war unsere Gegend auch für Liebhaber romantischer Geschichten von großem Interesse. Es gab ein Grabmal in der Nähe, wo ein junges Paar begraben lag, das im Leben zwar getrennt, aber durch den Tod vereint worden war.

Die Geschichte war mir zumindest von Samina ausführlich erzählt worden, mit allen Einzelheiten und Verwicklungen, die dazugehörten. Später nahm Vater uns einmal mit zu dem weißen Marmorgrab, das zur Erinnerung an die beiden unglücklichen Liebenden errichtet worden war.

Es handelte sich um Heer, deren Namen »die Schöne« bedeutet, und Ranjha, den Bauernsohn, der sie heiraten wollte. Irgendein Kastenproblem spielte dabei eine Rolle, obwohl alle beide aus wohlhabenden Familien stammten. Heers Eltern brachten ihre Tochter durch einen Trick dazu, den Mann, den sie ausgesucht hatten, zu heiraten, aber sie konnte Ranjha nicht vergessen, mit dem sie verlobt gewesen war. Schließlich hörte der König von der Sache und erklärte die Ehe für ungültig. Doch die *doli* oder Hochzeitskutsche, die Heer zu ihrem Ranjha bringen sollte, wurde ihr Leichenwagen. Bevor sie das Haus verließ, hatte ihr Onkel ihr ein vergiftetes Getränk gegeben. Ranjha beging daraufhin in echter Romeo und Julia-Manier Selbstmord.

Solche Geschichten waren dazu angetan, unsere romantischen Gemüter zu erhitzen. Doch erst viel später kam mir der Gedanke, sie mit den Empfindungen zu vergleichen, die mein Vater meiner Mutter gegenüber gehabt hatte. Seine Gefühle hatten indes nichts mit einer oberflächlichen, romantischen Verliebtheit zu tun, sondern entsprangen einer aufrichtigen Herzensliebe, die ihn veranlaßte, sich bereits zu seinen Lebzeiten für sie aufzuopfern.

Kapitel 5

Der Stachel des Todes

Ich denke nicht gern an das zurück, was als nächstes geschah, obwohl mit der schmerzhaften Erinnerung zugleich auch ein Gefühl des Trostes verbunden ist. Unser Vater, der immer so gesund und kräftig gewesen war, wurde plötzlich krank.

Es war im Dezember 1968. Wir hatten viel Regen und kaltes Wetter gehabt. Eines Tages war Vater zu lange auf seinem Gut auf dem Lande geblieben und dann durchnäßt und frierend nach Hause gekommen. Mit Fieber mußte er sich am Abend ins Bett legen.

Am nächsten Morgen schleppte er sich mühsam in sein Büro, erledigte die notwendigsten Geschäfte und kam, aschfahl im Gesicht und schweißnaß, wieder nach Hause. Am Abend ging es ihm schlechter, und beim Atmen war ein seltsames Gerassel zu hören.

Der Arzt wurde gerufen und verschrieb ihm Medikamente. Auch der Mulla erschien und sprach seine Gebete. Das Fieber ging tatsächlich zurück, und Majeed fuhr ihn noch einmal zur Arbeit. Als Vater dann wieder heimkam, war er dem Zusammenbrechen nahe; schwer rang er um Atem.

Die nächsten Angehörigen versammelten sich um ihn, und wir waren alle bemüht, ihm im Kampf gegen die Krankheit, die als Lungenentzündung diagnostiziert worden war, beizustehen. Vater sollte ins Krankenhaus eingeliefert werden, aber er wollte unbedingt zu Haus bleiben und versuchte immer noch, von seinem Bett aus zu arbeiten. Zwei oder drei Tage dauerte der Kampf. Dann trat die Veränderung zum Schlimmeren ein, vor der wir uns alle gefürchtet hatten. Langsam, aber sicher verlor er die Schlacht, und keiner von uns hatte die Macht, ihn zu retten. Er fing an, uns Informationen und Anweisungen bezüglich der Verteilung seines Vermögens zu geben, und händigte Safdar Schah, der sein Bevollmächtigter war, die Eigentumsurkunden aus.

Selbst in seiner schweren Not dachte Vater noch an mich. Er schaute mich an und stieß unter großer Anstrengung hervor: »Ich habe dir ein großes Vermögen hinterlassen. Auch wenn du hundert Diener beschäftigst, brauchst du niemandem zur Last zu fallen. Kümmere dich um Onkel und Tante und gib ihnen, was sie brauchen.«

Wir starrten uns gegenseitig entsetzt an. »Das kann doch nicht sein!« riefen wir weinend. Langsam, aber sicher entglitt er einfach unseren Händen, so wie das Wasser in die Erde sickert und nicht mehr zurückgerufen werden kann, es sei denn durch die Sonne.

Ich saß in meinem Rollstuhl an seinem Bett und beugte mich verzweifelt über ihn.

»Vater, du darfst uns nicht verlassen! Wir brauchen dich doch! Wenn du von uns gehst, komme ich dir nach«, weinte ich, ohne richtig zu wissen, was ich sagte. Er öffnete die Augen und legte mir seine kraftlos gewordene Hand auf den Kopf:

»Ich weiß, es ist schwer für dich, aber trotzdem darfst du dir nichts antun. Das ist Sünde. Vergiß nie, daß du zu einer Sayed-Familie gehörst, den Nachkommen Mohammeds. Das Paradies steht dir offen, aber wenn du Selbstmord begehst, kommst du in die Hölle. Laß dir keine Ammenmärchen erzählen. Führe ein rechtschaffenes Leben, dann werden wir alle einmal wieder mit deiner Mutter vereint sein.«

Dann richtete er sich mühsam auf und griff aufgeregt nach meinem Arm, wobei seine Augen einen merkwürdig starren Blick bekamen, so als sähe er eine Vision. »Gulshan«, keuchte er, »eines Tages wird Gott dich heilen. Bete zu Ihm!« Mit diesen Worten sank er kraftlos in die Kissen zurück und atmete langsam und schwer. Seine Augen schlossen sich.

Bitterlich weinend, blieb ich an seinem Bett sitzen. »Wie kann ich glauben, wenn du nicht bei mir bist, Vater?« schluchzte ich.

Nun fing auch Safdar Schah an zu weinen:

»Bitte, geh nicht von uns! Wir brauchen dich noch! Du bist uns Mutter und Vater zugleich!«

Ich sah meinen Bruder an, diesen hartgesottenen Geschäftsmann. Ich hatte gar nicht gewußt, wie sehr er an seinem Vater hing, der uns aufgezogen und für uns gesorgt hatte, als wir noch Kinder und Jugendliche waren.

Vater öffnete noch einmal die Augen. Mit größter Willensanstrengung versuchte er, bei uns zu bleiben.

»Sorge für deine Schwester«, trug er jedem seiner Kinder der Reihe nach auf, und alle versprachen es feierlich. Dann trank er einen Schluck Wasser, murmelte ein paar Verse aus der Sure J.S. (der 36. Sure), in die wir miteinstimmten, – und schloß die Augen für immer. Einige Stunden blieb er noch so liegen, atmete langsam und schwer, während wir an seinem Bett Wache hielten. Dann, um 8 Uhr morgens am 28. Dezember 1968, starb er, während sein Freund, der Mulla, die Sure J.S. an seinem Bett rezitierte:

> *»Und in die Posaune wird gestoßen werden, und siehe, aus ihren Gräbern sollen sie zu ihrem Herrn eilen.*
> *Sie werden sprechen: ›O wehe uns! Wer hat uns aus unserer Ruhestätte erweckt?‹ Das ist's, was der Erbarmer verhieß, und die Gesandten sprachen die Wahrheit.*
> *Nur ein einziger Stoß wird sein, und siehe da, alle sind vor uns gebracht.*
> *Und an jenem Tage soll keiner Seele in etwas Unrecht geschehen, und ihr sollt nur nach eurem Tun belohnt werden.*
> *Siehe, des Paradieses Bewohner werden nur dem Vergnügen leben,*
> *sie und ihre Gattinnen, in Schatten auf Hochzeitsthronen sich lehnend.*
> *Früchte werden ihnen darinnen sein, und was sie verlangen…«*

Unter Tränen lasen wir den ganzen traditionellen Abschnitt, in dem festen Glauben, daß dadurch der Todesweg unserem Vater erleichtert werden würde. Dann küßte Samina sein wachsbleiches Antlitz, und jeder von uns folgte ihrem Beispiel.

Für die nächsten paar Stunden gehörte der Verstorbene ausschließlich den männlichen Verwandten und Nachbarn, die in den Totenritualen erfahren waren. Zusammen mit den Dienern wuschen sie den Leichnam und kleideten ihn in das spezielle weiße

Totenhemd, das er absichtlich von der Pilgerreise mitgebracht hatte, um für die letzte Reise gerüstet zu sein. Es bestand aus einem langen Hemd und zwei Tüchern, die um Hüften und Schultern geschlungen wurden. Auf seinen Kopf setzte man einen Turban, hüllte dann den ganzen Körper in ein großes weißes Umschlagtuch ein und legte ihn in einen Sarg, der ringsherum mit Gebeten und Koranversen beschrieben war. Der Sarg blieb sechs Stunden lang offen, damit die weiblichen Familienmitglieder dem Toten die letzte Ehre erweisen konnten. Anschließend wurde er in den Garten getragen, wo ein endloser Strom von Trauergästen daran vorüberzog und jeder sich niederbeugte, um den Sarg zu küssen und ein Gebet zu murmeln oder ihm im Vorbeigehen einen Handkuß zuzuwerfen.

Vater war eine wichtige, einflußreiche Persönlichkeit gewesen, ein Religionslehrer oder *Pir*, der selbst viele *murreeds* (Anhänger) besaß, und zudem ein bekannter Landbesitzer und Geschäftsmann. Seine Beerdigung, die am gleichen Abend stattfand, betraf die Allgemeinheit genauso wie seine Familie. Um die eintausend Menschen nahmen daran teil, Angehörige, Geschäftsleute, Vertreter der religiösen Gemeinschaft und eine große Anzahl von *murreeds*. Es war eine denkwürdige Beisetzung.

Als Sayed-Familie hatten wir unsere eigene Abteilung auf dem städtischen Friedhof. Dort, wo schon seine Frau begraben lag, wurde Vater in einem kleinen Mausoleum beigesetzt. Nur die Männer nahmen an der Beerdigung teil. Der Mulla sagte die Gebete vor, worauf sich alle Anwesenden verneigten und ebenfalls beteten. Dann wurde der Sarg in die Erde gesenkt, und die Trauergäste streuten Staub auf den Deckel. Schließlich wurde ein *chador* – ein Kranz aus zusammengebundenen Blumen – darübergelegt.

Was mich anging, so war ich starr vor Kummer und Entsetzen und unfähig, mich zu rühren. Salima und Sema, überwacht von Tante, rannten geschäftig hin und her, wuschen mich, zogen mich an, brachten mir heiße Milch und massierten meinen Kopf, der furchtbar schmerzte. Ganz schwach bekam ich mit, daß eine Wache vor meiner Tür Posten bezog. »Nein, sie möchte niemanden empfangen. Es ist besser, sie im Moment in Ruhe zu lassen.« Sogar Verwandte wurden abgewiesen und durften mich nicht besuchen.

Ich muß eingeschlafen sein, denn als ich das nächste Mal auf die Uhr schaute, war es 3 Uhr früh. Ich lag noch einige Augenblicke ganz still und lauschte auf die leisen Geräusche, die mir anzeigten, daß die Hausangestellten bereits aufgestanden waren und sich für den Tag rüsteten. Das Schlimmste, was uns überhaupt widerfahren konnte, war geschehen, und trotzdem mußte das Alltagsleben weitergehen. »Es ist nicht recht, daß ich, ein hilfloser Krüppel, noch am Leben bin und er tot ist«, dachte ich. »Gott, ich kann unmöglich so weiterleben, vielleicht noch dreißig Jahre lang. Bitte, bringe mich zu meinem Vater.«

Warum war Gott so fern und so stumm? Vielleicht hatten meine Vorfahren irgendwelche schrecklichen Sünden begangen. Vielleicht wollte Gott, daß ich noch mehr Geduld haben sollte. Aber ich hatte doch wirklich Geduld bewiesen und war immer noch krank. Wenn Er mir nicht helfen wollte, dann mußte ich eben selber einen Weg finden, um meinen gebrechlichen Leib ein für allemal loszuwerden –, aber welchen? Mich erhängen? Mit einer Hand war das unmöglich. Vergiften? Wo sollte ich Gift hernehmen? Wenn ich bloß ein Messer oder eine Schere in die Hand bekommen könnte! Aber die waren alle unter Verschluß. Noch während ich diesen Gedanken nachhing, trat ein anderer Gedanke an ihre Stelle: »Du wirst niemals mit Vater und Mutter im Paradies zusammen sein, wenn du Hand an dich selber legst.« Als Angehörige einer Sayed-Familie stand mir der Zugang zum Paradies automatisch offen, selbst wenn ich die fünf grundsätzlichen Forderungen des Islams nicht erfüllen konnte, aber ein Selbstmord würde dieses automatische Recht aufheben.

Vielleicht würde ich nun nie geheilt werden. Das Herz krampfte sich mir zusammen, und die Tränen flossen unaufhörlich. Und dann fing ich aus purer Hilflosigkeit und Verzweiflung an, mit Gott zu reden, und zwar nicht so, wie Moslems das tun, indem sie vorgeschriebene Gebete benutzen und stets eine unüberwindbare Kluft zwischen sich und Ihm haben. Getrieben durch die gewaltige Leere in meinem Innern, begann ich zu beten, als ob ich mit einem spräche, der meine Situation und meine Not genau kannte.

»Ich möchte sterben«, sagte ich. »Ich will ganz einfach nicht so weiterleben, basta.«

Ich kann es nicht erklären, aber irgendwie war ich sicher, daß ich gehört wurde. Es war so, als ob ein Vorhang zwischen mir und einer unbekannten Quelle des Friedens beiseite gezogen worden wäre. Ich wickelte mich fester in meinen Schal ein, um gegen die Kälte geschützt zu sein, und nahm einen neuen Anlauf im Gebet.

»Was für eine schreckliche Sünde habe ich begangen, daß Du mich ein solches Leben führen läßt?« schluchzte ich. »Ich war kaum geboren, da hast Du mir schon die Mutter genommen. Dann hast Du mich zum Krüppel werden lassen und mir jetzt auch noch meinen Vater weggenommen. Warum hast Du mich bloß so hart gestraft?«

Die Stille um mich her war so tief, daß ich mein eigenes Herz klopfen hörte.

»Ich werde dich nicht sterben lassen. Du sollst am Leben bleiben.«

Es war eine leise, sanfte Stimme, die da sprach, wie ein Lufthauch, der über mich hinwegfuhr. Ich weiß genau, daß da wirklich eine Stimme war, daß sie in meiner Muttersprache mit mir redete und mir eine ganz neue Freiheit eröffnete, mich Gott, dem Allerhöchsten, zu nahen, der mir bis jetzt noch nie auch nur das kleinste Zeichen gegeben hatte, daß Er überhaupt von meinem Dasein wußte.

»Was für einen Zweck hat es, wenn ich am Leben bleibe?« fragte ich bitter. »Ich bin ein Krüppel. Als Vater noch lebte, konnte ich alles mit ihm besprechen. Jetzt kommt mir jede Minute meines Lebens vor wie hundert Jahre. Du hast meinen Vater fortgenommen und mich ohne Hoffnung und ohne einen Lebenssinn zurückgelassen.«

Wieder kam die Stimme, leise, doch voller Kraft.

»Wer hat den Blinden das Augenlicht gegeben, die Kranken gesund gemacht, die Aussätzigen gereinigt und die Toten auferweckt? Ich bin es, Jesus, der Sohn der Maria. Lies, was im Koran über mich geschrieben steht, in der Sure ›Das Haus Imrân‹.«

Ich weiß nicht, wie lange die Unterhaltung dauerte. Fünf Minuten? Eine halbe Stunde? Plötzlich erklang von der Moschee der morgendliche Gebetsruf, und ich öffnete verwirrt die Augen. Alles sah so aus wie sonst auch in meinem Zimmer. Aber warum war keiner mit dem Waschwasser gekommen? Es schien so, als habe man mich absichtlich nicht stören wollen, damit ich in Ruhe diese merkwürdige Begegnung genießen konnte.

Im Verlauf des Tages versuchte ich mir dann allerdings einzureden, ich habe das alles nur geträumt. Zusammen mit meinen beiden Schwestern sowie anderen Frauen und Mädchen aus der Verwandschaft stattete ich dem Grab meines Vaters einen Besuch ab. Alles war still und friedlich dort, und auf die aufgeschüttete braune Erde hatte man frische Blumen gelegt. Doch ich konnte nur mit Entsetzen das Grab betrachten. Vater, der es zu seinen Lebzeiten nie vertragen konnte, auch nur das kleinste Staubkörnchen an sich zu haben, lag unter diesem dreckigen Erdhaufen begraben. Es war zu furchtbar, daran zu denken.

Als wir von diesem traurigen Besuch nach Hause zurückkehrten, begann für uns eine vierzigtägige Trauerzeit. Während dieser Zeit blieben Safdar Schah und Alim Schah ihrer Arbeitsstelle fern, und ein ununterbrochener Strom von Besuchern aus der Nähe und aus der Ferne, Hohe und Niedrige, stellten sich ein, um dem Andenken unseres Vaters ihre Ehrerbietung zu erweisen.

Während dieser ganzen Zeit versorgten Nachbarn uns mit Essen. In unserem Haus durfte kein Herdfeuer zum Kochen angezündet werden. Es wurde erwartet, daß wir uns nur mit unseren Erinnerungen an den Toten beschäftigten und mit jedem, der kam, über ihn sprachen. Unsere Besucher saßen auf dem Fußboden, um ihre Ehrerbietung zu zeigen, und redeten von allem Guten, das der Tote getan hatte. Auf diese Weise ehrte man sein Andenken und trug mit dazu bei, die Angehörigen aufzumuntern. Es war eigentlich eine schöne Sitte, durch die die Hinterbliebenen Gelegenheit erhielten, ihrem Leid auf die rechte Weise Ausdruck zu verleihen, während ihnen gleichzeitig von allen Seiten Trost und Kraft gespendet wurde.

Als wir, vom Friedhof zurückgekehrt, in einem Zustand tiefster Verzweiflung zu Hause saßen, geschah etwas Merkwürdiges. Eine der Dienerinnen schrie plötzlich auf und deutete auf einen Stuhl.

»Ich habe ihn dort sitzen sehen!« rief sie. Niemand war erstaunt über diese Behauptung. Das Gefühl der Gegenwart eines Verstorbenen verläßt das Haus meistens nicht unmittelbar nach seinem

Tod, und im Falle meines Vaters konnten wir es sowieso alle noch nicht recht glauben, daß er wirklich für immer von uns gegangen sein sollte. Es kam uns vielmehr so vor, als sei er nur eben kurz einmal hinausgegangen, um dem Gärtner ein paar Anweisungen zu geben, und würde in wenigen Minuten wieder hereinkommen. Ich sah die Dienerin an und fragte mich, warum ausgerechnet sie ihn gesehen hatte und nicht einer von der Familie.

Tante kam in mein Zimmer und saß für eine Weile an meinem Bett, um mir den Nacken zu massieren. Durch das viele Weinen hatte ich schlimme Kopfschmerzen bekommen. »Dein Onkel und ich werden wie Vater und Mutter für dich sorgen«, versicherte sie. »Bitte, betrachte uns als solche und versuche, den schweren Verlust als Gottes Willen zu akzeptieren. Er hat deinen Vater ins Paradies geholt.«

Als sie wieder gegangen war, brauchte ich dringend irgend etwas, um meine Gedanken von den Ereignissen des Vormittags abzulenken. Darum ließ ich mir den arabischen Koran bringen und begann, die Sure »Das Haus Imrân« zu lesen. Doch es erwies sich als recht schwierig, den arabischen Text richtig zu verstehen, obwohl dessen rhythmisches Versmaß das Auswendiglernen eigentlich immer leicht gemacht hatte. Plötzlich kam mir ein kühner Gedanke: Warum sollte ich den Koran nicht in meiner Muttersprache lesen?

Ich schrieb ein paar Zeilen auf ein Stück Papier und gab dieses Salima, als sie hereinkam, um mich umzuziehen.

»Bitte, geben Sie der Überbringerin die beste Urdu-Übersetzung des Korans, die Sie haben«, stand auf dem Zettel.

»Geh mit diesen Zeilen in die Buchhandlung und bitte um den Koran in Urdu, herausgegeben von der Taj-Gesellschaft«, sagte ich zu meinem Mädchen. »Das Geld kannst du dir von Tante geben lassen.«

Salima nickte höflich und ging. Zwei Stunden später war sie wieder da, mit dem in Zeitungspapier eingewickelten Buch.

»Sehr schön«, sagte ich. »Nun mach mir bitte noch eine Hülle dafür.«

Am Abend, als alles im Hause still war, entfernte ich die grüne Seidenhülle und nahm den Urdu-Koran heraus. Einen Augenblick hielt ich das Buch unschlüssig in der Hand. Nur zu gern hätte ich jene Stimme noch einmal gehört, die mir versicherte, daß meine Gebete gehört worden seien und es eine Möglichkeit der Heilung und neue Hoffnung für mich gebe. Instinktiv wußte ich, daß ich sie nur dann von neuem hören konnte, wenn ich der Anweisung, zu lesen, Folge leisten würde. Voller Neugier, wenn auch mit traurigem Herzen und ohne nur im entferntesten daran zu denken, welch ein entscheidender Augenblick dies war, sagte ich die *bismillah*-Formel, öffnete das Buch und fing an zu lesen:

> *»Da die Engel sprachen: ›O Maria, siehe, Allah verkündet dir ein Wort von ihm; sein Name ist der Messias, Jesus, der Sohn der Maria, angesehen hienieden und im Jenseits und einer der Allah Nahen.*
> *Und reden wird er mit den Menschen in der Wiege und in der Vollkraft, und er wird einer der Rechtschaffenen sein...‹«*

Am dritten Tag nach dem Tod unseres Vaters wurde Safdar Schah als rechtmäßiges Familienoberhaupt eingesetzt. Feierlich setzten ihm zwei seiner Onkel einen von Vaters Turbanen aufs Haupt. Von nun an war er in unserer Familie der *Pir* und der Schah, von dem man erwartete, daß er auf religiöse Fragen eine Antwort wußte. Er würde bestimmt einen guten *Pir* abgeben. Manche, die diesen Titel besaßen, waren ungebildet und abergläubisch.

Für die Dauer der vierzigtägigen Trauerzeit war das Haus voll von Nachbarn, Besuchern und *murreeds* mit ihren Frauen. Diese waren gekommen, um uns ihre Dienste anzubieten. Sie meinten es wirklich gut, hielten das Haus sauber und versorgten die anderen Besucher mit Essen. Außerdem brachten sie uns Kleider mit, die wir der Höflichkeit halber auch anziehen mußten.

»Diese Kleider sind Gewänder des Todes, nicht des Lebens. Sie erinnern mich immer wieder an das, was geschehen ist«, sagte Anis Bibi und zupfte voll Unbehagen an ihrem *shalwar kameeze* herum.

Die Trauerzeit endete mit zwei speziellen Ereignissen. Das Grab wurde mit Zement überzogen und ein Gedenkstein errichtet. Dann wurden alle zur traditionellen Trauerabschlußfeier, der *chalisvanh*, eingeladen.

Ein großes Zelt wurde aufgestellt und die Versorgung der Gäste einem Restaurant am Ort übertragen. Dieses ließ einige Kochherde aufstellen und 150 riesige Töpfe mit Reis füllen. Es gab chick pea pilau (Erbsen mit Hammelfleisch und süßem Reis), wobei alle auf *durrees* auf der Erde saßen und mit ihren Fingern von Blechtellern aßen.

Ich nahm nicht an der Feierlichkeit teil, weil ich es schrecklich fand, wegen meiner Behinderung angestarrt und bemitleidet zu werden, aber ich ließ mir alles genau erzählen.

Nun war es Zeit für Safdar Schah, nach Lahore zurückzukehren, doch bevor er das tat, kam er in mein Zimmer, um mit mir zu sprechen. Er nahm auf dem Stuhl Platz, auf dem Vater so oft gesessen hatte, und man sah ihm an, daß ihm unbehaglich zumute war. In der Hand hielt er das Dokument über das Vermögen, das Vater mir vermacht hatte. Ich wußte, was er sagen wollte, und legte mir bereits im Geist eine Antwort zurecht.

»Meine liebe Schwester«, begann er, »ich würde dich gern bitten, bei uns zu wohnen, wenn da nicht der Umstand wäre, daß du Onkel und Tante hier bei dir hast, die sich um dich kümmern. Wie du weißt, hat Vater dir den größten Anteil seines Vermögens hinterlassen. Dagegen habe ich natürlich nichts einzuwenden, denn Vater hat für dich stets in vorbildlicher Weise gesorgt und vornehmlich dein Wohlergehen und deine Bequemlichkeit im Auge gehabt. Da du nun aber eine wohlhabende Frau bist, kannst du dir aussuchen, wo du wohnen möchtest, auch wenn es Lahore ist.«

Ich unterbrach ihn mit den Worten: »Danke, mein Bruder, aber ich möchte dieses Haus, in dem ich aufgewachsen bin, wirklich nicht verlassen. Ich möchte nicht nach Lahore ziehen.«

Mein Bruder sah mich prüfend an. »Ist es denn gut für dich, wenn du hier bleibst und grübelst?«

»Grübeln würde ich vermutlich auch in Lahore. Hier habe ich meine vertraute Umgebung«, gab ich zurück. Den tieferen Grund, warum ich bleiben wollte, verriet ich nicht –, daß ich nur hier in Ruhe und Ungestörtheit den Koran nach Jesus, dem Propheten und Heiler, durchforschen konnte.

»Nun gut, wenn du so denkst, dann ist es mir recht«, sagte Safdar Schah. Er schien erleichtert zu sein. »In diesem Falle sollten wir dann jetzt also Vaters letzten Wunsch hinsichtlich deines Vermögens erfüllen.«

Es wurde vereinbart, daß Safdar Schah Geld auf der Bank in Lahore deponieren sollte, das ich nach Bedarf abheben konnte. Als Haushaltsvorstand würde ich allmonatlich einen Scheck auf die »Muslim Commercial Bank« ausstellen, mit dem die laufenden Kosten bestritten werden konnten. Onkel würde dann jeweils von mir genug für den Unterhalt des Hauses erhalten. Mein Bruder Safdar Schah wollte uns zweimal im Monat besuchen, um den Kontostand mit mir durchzugehen.

»Ich weiß, daß du alles ordentlich handhaben wirst«, sagte Safdar Schah. »Vater hat bereits zu seinen Lebzeiten großes Vertrauen in dich gesetzt.«

Befriedigt über diese Vereinbarung, reiste mein Bruder ab. Und dann ging einer nach dem anderen fort, bis ich allein übriggeblieben war, ohne einen einzigen engen Vertrauten oder guten Freund, der meine Einsamkeit geteilt hätte. Trotzdem konnte ich mich nicht über Mangel an Gesellschaft beklagen.

Als mein Bruder abgereist war, kam Tante zu mir ins Zimmer.

»Du hast es wirklich gut, daß man dir so viel Vertrauen entgegenbringt«, sagte sie. »Als ich so alt war wie du, wäre es für eine Frau undenkbar gewesen, so gut über geschäftliche Dinge Bescheid zu wissen... aber dein Vater – gesegnet sei sein Andenken – hat dich wie einen seiner Söhne behandelt.«

Als sie das Zimmer verlassen hatte und mich von neuem eine tiefe Stille umgab, öffnete ich meinen Urdu-Koran und las noch einmal die Stelle aus der Sure »Das Haus Imrân«, die für mich inzwischen eine solch zentrale Bedeutung gewonnen hatte:

> *»Ich will heilen den Mutterblinden und Aussätzigen und will die Toten lebendig machen mit Allahs Erlaubnis...«*

Es gab vieles, was ich noch nicht verstand. Viele kluge und gelehrte Leute hatten versucht, Erklärungen über den Propheten Jesus abzugeben, der, wie diese Sure es sagte, ein geschaffenes Wesen war, ein Gebilde aus Staub wie Adam, und der trotzdem durch die Macht Allahs alle diese Wunder vollbringen konnte. Ich zweifelte nicht daran, daß er ein bedeutender Mann gewesen war, aber wer war dieser Prophet wirklich, daß er um meine Not wußte und vom Himmel her zu mir gesprochen hatte, als ob er lebendig sei?

Ich hatte meinen liebsten Gefährten verloren, und das Leben lag öde und leer vor mir. Trotzdem war ein winziges Samenkorn des Suchens und der neuen Hoffnung in mein Herz gefallen. Eines Tages, das wußte ich, würde ich das Geheimnis dieses rätselhaften Propheten lösen können, der sich hinter den Seiten des Korans verbarg.

Kapitel 6

Das Auto

Seit Vater tot war, stand sein blauer Mercedes, schweigend und mit schwarzen Tüchern bedeckt, in der Garage – eine stumme Erinnerung an den Mann, der unser Leben mit Freude und Glück erfüllt hatte, nun aber wie die strahlende Sonne von unserem Alltagshimmel gewichen war und uns in Dunkelheit und Kälte zurückgelassen hatte.

Der Wagen zeugte von einem wohlhabenden Besitzer. Meinen Vater Morgen für Morgen mit ihm zur Arbeit fahren zu sehen, hatte für uns zur täglichen Routine gehört. Das Auto war in sich selbst ein Prachtstück, aber Vater verlieh ihm durch seine Gegenwart eine zusätzliche Vornehmheit, wenn er neben Majeed, unserem Chauffeur, Platz nahm, dessen stolz erhobener Turban und gerader Rücken aller Welt zeigte, wie glücklich er sich schätzte, einen solchen Herrn fahren zu dürfen.

Auch wir Kinder waren glücklich und stolz, wenn Vater uns in seinem Auto irgendwohin mitnahm. Die Jungen fuhren darin zur Koranschule, und ich begleitete Vater, wenn es darum ging, ärztliche Hilfe für meine Krankheit in Anspruch zu nehmen. Manchmal machten wir auch gemeinsam einen Ausflug. Dann holte Vater mich aus meinem Zimmer heraus, und wir fuhren in Richtung Lahore davon, um Verwandte zu besuchen.

Jetzt stand der Wagen still. Keiner hatte Lust, ihn zu fahren, nicht einmal mein Bruder Safdar Schah. Regelmäßig nahm Majeed die Tücher ab und putzte und polierte den dunkelblauen Lack sowie die glänzenden Chromteile, bis alles blitzte und blinkte wie ein Spiegel. Er wienerte das Amaturenbrett aus Mahagoniholz blank und wichste die Ledersitze, so daß sie einen starken Duft verbreiteten. Mit der gleichen Sorgfalt säuberte er auch den Motor und schmierte alle mechanischen Teile ab, wobei er das Auto aufbockte, damit es nicht auf den Rädern stand. Während Majeed arbeitete, sprach er leise vor sich hin. Es hörte sich an, als unterhielte er sich mit dem Wagen. Die Mädchen berichteten mir alle diese Dinge und meinten kichernd:

»Dieser Majeed, du solltest ihn einmal hören. Bei ihm ist eine Schraube locker. Stell dir vor, was er zu dem Auto sagt: ›Du bist nicht tot!‹«

»Seid still«, schalt ich. »Darüber gibt es wirklich nichts zu lachen.«

Ich hatte das unbehagliche Gefühl, daß Vater es hören könnte, daß er plötzlich aus den Schatten der Abenddämmerung, die unser Haus einhüllten, hervortreten und nach dem Wagen verlangen könnte, um dann darin fortzufahren, als wenn nichts geschehen wäre. Dieses Gefühl wurde noch verstärkt, als eine meiner Dienerinnen eines Tages gelaufen kam und erzählte, sie habe den Herrn im Haus herumgehen gesehen.

»Hat er etwas zu dir gesagt?« wollte ich wissen.

Sie schauderte. »Nein, Bibi-ji. Er hat mich gar nicht angeschaut, sondern ist geradewegs durch jene Tür gegangen. Als ich hineinsah, war niemand da. Der Raum war leer!«

Ich brachte es nicht übers Herz, sie wegen ihrer übertriebenen Phantasie zu tadeln, sondern überlegte nur, warum es nicht mir vergönnt gewesen war, sein liebes Angesicht zu sehen.

Doch dieses Auto war ein Symbol für meinen eigenen nutzlosen Zustand. Würde es für immer in der Garage stehen müssen, ein bloßer Abglanz vergangener Zeiten? Und würde ich in meinem hilflosen Zustand verharren und mein Leben lang nur noch von Erinnerungen zehren müssen?

Meine Geschwister führten alle ihr eigenes Leben, und obwohl sie sich treu an Vaters Anweisungen hinsichtlich meiner Person hielten, wollte ich ihnen doch auf keinen Fall zur Last fallen oder ihnen Not bereiten. Meine trübsinnige Stimmung blieb meinen Schwestern nicht verborgen. Eines Tages sprach Samina mich darauf an: »Kleine Schwester, was macht dir so viel Kummer, daß du so traurig aussiehst?«

Ich sagte es ihr, worauf sie erwiderte: »Du wirst uns niemals eine Last sein. Dafür haben wir dich viel zu lieb.«

Wenn mich in Zukunft Schwermut überfallen wollte, versuchte ich, mir selber Trost zuzusprechen.

»Weißt du, Gulshan«, sagte ich zu mir, »du hast doch wirklich Glück, daß du einer solchen Familie angehörst. Du hättest ja genausogut in Armut geboren sein können wie deine beiden Dienerinnen. Du hättest einen Vater haben können, der dich nicht liebte, und Geschwister, die sich nicht um dich kümmerten. Du hast eine gute Erziehung und Ausbildung genossen. Du hast ein Dach über dem Kopf, und Vater hat dafür gesorgt, daß es dir an nichts fehlt. Also mach das beste aus deiner Situation. Denk an die schöne Zeit in Mekka, als du Gott und Seinem Propheten so nahe warst. Erinnere dich an Vaters Worte, daß Gott dich heilen werde, und wenn dir das immer noch nicht genügt, dann denke an die Stimme, die du in diesem Zimmer vernommen hast und die dich auf Jesus, den Heiler, hingewiesen hat.

Wenn ich alle diese Dinge auf die Waagschale legte, hätten sie in der Tat ausreichen sollen, um mich aus meiner Verzweiflung zu reißen. Jeden Tag sagte ich mir vor, wie dankbar ich für alles Gute sein müsse, das mir beschert sei, bis meine Niedergeschlagenheit schwand und mein Geist wieder fröhlich sein konnte. Und trotzdem war da im Verborgenen ständig die heimliche Angst, ich könne vielleicht doch nicht geheilt werden.

Ich wandte mich noch eifriger dem Gebet zu als früher. Meine Tage verliefen nach einem regelmäßigen Muster, bei dem die fünf vorgeschriebenen Gebetszeiten im Mittelpunkt standen. Um 3 Uhr morgens wachte ich auf und bereitete mich auf das *Fajr qe namaz,* das Morgengebet, vor. Anschließend las ich bis zum Frühstück, das ich in meinem Zimmer einnahm, in meinem arabischen Koran.

Nach dem Frühstück zogen mich Salima oder Sema an, und dann vertrieb ich mir die Zeit, indem ich ein religiöses Buch oder die Zeitung las, Radio hörte oder einem meiner Geschwister einen Brief schrieb. Nach dem Mittagessen ruhte ich für eine Zeit, dann folgte das Nachmittagsgebet, *Zohar qe namaz* genannt. Wenn Tantes Kinder aus der Schule kamen, wurde ich mit meinem Rollstuhl in den Garten geschoben, um ihrem Spiel zuschauen zu können. Zwei Stunden vor Anbruch der Dunkelheit kam das *Asar qe namaz* und zwei Stunden nach Einbruch der Dunkelheit das *Maghrab qe* namaz, das Abendgebet. Zu guter Letzt gab es noch das Nachtgebet, das *Isha qe namaz,* dem der größte Wert beigemessen wurde.

Die Frauen waren nicht verpflichtet, die Moschee aufzusuchen. Statt dessen sagten wir unsere Gebete leise zu Hause her. Ich hätte eher auf das Essen verzichtet als meine Gebetszeiten ausfallen lassen, obwohl ich die Gebete nur herunterleierte wie ein Papagei. Sie waren für mich die Verbindung mit Vater, das Zeichen, daß ich dem Glauben treu geblieben war. Er hatte mir gesagt, daß ich ihn unmittelbar nach meinem Tod im Paradies wiedersehen würde, wenn ich treu bliebe. Dann würde ich einen neuen Körper haben. Alle Frauen im Paradies waren jung und schön, so stand es im Koran.

Tief in meinem Herzen jedoch trug ich eine weitaus größere, quälende Angst mit mir herum als ich sie selber wahrhaben wollte, geschweige denn einem anderen gegenüber zugegeben hätte: Gott mußte zornig auf mich sein, darum hatte Er mir meinen Vater genommen. Ich begann mich vor dem Gott, den wir verehrten, zu fürchten. Er war vor mir verborgen hinter einem Vorhang der Dunkelheit und Unwissenheit.

Nichts von alledem war nach außen hin sichtbar. In mancher Hinsicht schien mein Zuhause damals ein Paradies zu sein. Unsere Stadt, inmitten eines grünen, fruchtbaren Landstrichs gelegen, der von fünf Flüssen durchzogen war – dem Jhelum, dem Ravi, dem Indus, dem Chenab mit seinem neuen Staudamm und dem Sutlej –, wurde von den Einwohnern Lahores zwar oft als rückständig bezeichnet. Für mich jedoch bedeutete sie Schutz vor der großen Welt, die voller neugieriger Blicke und peinlicher Fragen betreffs meiner Behinderung war. Sie war mein Zufluchtsort vor dieser rauhen Welt, in der Katastrophen, Mord und Totschlag an der Tagesordnung waren. Aller Voraussicht nach würde es mir erspart bleiben, mich jemals intensiv mit ihr auseinandersetzen zu müssen, sei es durch eine Heirat oder durch die Aufnahme einer Erwerbstätigkeit. Aus den Nachrichtenprogrammen in Urdu, die von der BBC in London ausgestrahlt wurden, aus der Zeitung und vom Fernsehen her wußte ich, was in der Welt alles los war, und sehnte mich danach, mit Vater alle diese Dinge, die ich sah und hörte, besprechen zu können. Es gab ja so vieles, was ich nicht verstand, und nun hatte ich den einzigen Menschen, der mir geholfen hatte, mir eine Meinung zu bilden, verloren.

Natürlich wurde immer noch genug in unserem Haus geredet. Ich sprach mit meinem Onkel über die Führung des Haushalts und über geschäftliche Dinge. Mit Tante unterhielt ich mich über ihre Kinder, über die Dienstboten, über das Wetter, über die Blumen im Garten und über die Hochzeiten und Beerdigungen innerhalb der Familie und Bekanntschaft. Im Austausch mit meinen Schwestern drehte sich das Gespräch um ihre Kinder und die vielen kleinen privaten Dinge ihres Familienlebens, bei meinen Brüdern ebenfalls um familiäre Angelegenheiten sowie gelegentlich um die Ereignisse in der Welt.

»Überall auf der Welt gibt es Unruhen und Probleme. Aber hier in Pakistan haben wir Frieden. Dieses ist ›das heilige Land‹.« So sahen meine Brüder die Dinge.

Daneben gab es natürlich auch vieles mit den Dienstboten zu besprechen. Da war zunächst Munshi, der einmal die Woche an meine stets nur angelehnte Tür kam, um laut die Abrechnung vorzulesen, die er immer aufs sorgfältigste erstellte. Onkel hatte darauf bestanden, daß er das tat. Geld war eine schlüpfrige Sache, und in unserem Haushalt gab es genügend Löcher, durch die es hindurchrutschen konnte. Onkel wollte nicht eines Tages dafür zur Rechenschaft gezogen werden.

Am meisten sprach ich mit meinen beiden Mädchen, die schon so lange bei mir waren und mich genauso lieb hatten wie ich sie. Doch nicht einmal sie merkten etwas von der heimlichen Veränderung, die in den drei Jahren nach Vaters Tod in meinem Innern vorging, indem ich anfing, die Vorstellungen, die ich bisher unbesehen akzeptiert hatte, einer genaueren Prüfung zu unterziehen.

Am Abend, wenn die Kinder im Bett waren und Onkel und Tante sich in ihr Zimmer zurückgezogen hatten, wenn es nach dem letzten Gebetsruf still im Haus geworden war, dann hatte ich Zeit, den Koran in Urdu zu lesen. Die Abschnitte, die ich aufschlug, bezogen sich alle auf den Propheten Jesus. Aber eins war mir rätselhaft: Wenn er solch ein gewaltiger Heiler war, warum stand dann nur so wenig über ihn im Koran?

»Tante«, fragte ich eines Tages, »weißt du etwas über Jesus?«

Tante griff nach einem Ende ihres Halstuches, das lose herabhing, und schlang es sich um die Schulter. Dann erwiderte sie fest und bestimmt, als ob sie eine auswendig gelernte Lektion hersagte:

»Er ist der einzige Prophet im Koran, der den Blinden das Augenlicht schenkt, die Toten auferweckt und einmal wiederkommen wird. Aber ich weiß nicht, in welcher Sure das steht.«

Als ich es ihr in meinem Urdu-Koran zeigen wollte, stieß ich auf Widerstand.

»Du hast eine gute Schulbildung gehabt«, sagte sie. »Du kannst das lesen. Aber wir haben unsere eigenen Vorstellungen, an denen wir festhalten, weil Mohammed uns so gelehrt hat.« Ich erkannte, daß sie keine Lust hatte, weiter darüber zu reden, aber sie mußte diese Unterhaltung an die übrigen Familienmitglieder weitergegeben haben, denn Safdar Schah stellte mir diesbezüglich einige vorsichtige Fragen.

Er kam zweimal im Monat, meistens für einen ganzen Tag, um nachzusehen, wie der Haushalt lief, und sich nach meinem Befinden zu erkundigen. Meine Schwester Anis kam jeden Monat einmal, und Samina besuchte uns, sooft ihr dieses von Rawalpindi aus möglich war; sie blieb dann immer für einige Tage bei uns. Niemals ist wohl ein Mensch von seinen Geschwistern so umsorgt worden und dabei doch so einsam gewesen.

Safdar Schah nahm den Urdu-Koran in die Hand:

»Es freut mich, daß du deiner Religion treu geblieben bist, Gulshan. Liest du den Koran eigentlich nicht mehr auf arabisch, wie Vater es dich gelehrt hat?«

»Doch, Bruder, das tue ich immer noch regelmäßig. Morgens lese ich die arabische Version und abends die Urdu-Übersetzung. Ich möchte seine Bedeutung besser verstehen lernen.«

Mit dieser Antwort war er zufrieden. »Schön, wenn du beide Versionen liest, dann ist das in Ordnung. Solange du die Lektüre des arabischen Textes nicht vernachlässigst...« Er ging mit der Überzeugung fort, daß ich mich noch mehr als früher in den Islam vertieft hatte.

»Ich will heilen den Mutterblinden und Aussätzigen und will die Toten lebendig machen mit Allahs Erlaubnis...«

Viele Jahre lang hatte ich mit großer Hingabe den Koran studiert und regelmäßig gebetet, dabei aber mehr und mehr die Hoffnung verloren, daß mein Zustand sich jemals ändern würde. Doch nun fing ich langsam an zu glauben, daß das, was über Jesus im Koran geschrieben stand, wahr war –, daß er lebte und Wunder vollbrachte und auch mich heilen konnte.

»O Jesus, Sohn der Maria, es steht im Koran, daß du Tote auferweckt, Aussätzige geheilt und viele andere Wunder getan hast. Bitte, heile auch mich!« Während ich dieses Gebet sprach, wurden meine Erwartungen größer. Das war merkwürdig, denn in den vielen Jahren, in denen ich nach Art der Moslems gebetet hatte, war ich bisher nie wirklich davon überzeugt gewesen, daß ich gesund werden konnte. Ich nahm die Perlenschnur zur Hand, die ich aus Mekka mitgebracht hatte, sagte nach jedem Gebet die *bismillah*-Formel her und fügte hinzu: »O Jesus, Sohn der Maria, heile mich!«

Allmählich änderte sich mein Beten dahin gehend, daß ich auch zwischen den festgesetzten Gebetszeiten immer wieder die Perlenschnur durch meine Finger gleiten ließ und bei jeder Perle sagte: »O Jesus, Sohn der Maria, heile mich!« Je mehr ich so betete, um so mehr fühlte ich mich zu dieser schattenhaften Gestalt hingezogen, die im Koran nur von zweitrangiger Bedeutung war, aber eine Kraft besaß, die Mohammed nie für sich in Anspruch genommen hatte. Oder wo stand etwas davon geschrieben, daß Mohammed die Kranken geheilt und die Toten auferweckt habe?

»Wenn ich nur mit einem Menschen über diese Dinge reden könnte«, seufzte ich, aber da war keiner. So fuhr ich fort, zu diesem Propheten Jesus zu beten, bis ich mehr Erkenntnis bekommen würde.

Wie gewöhnlich, war ich um 3 Uhr morgens aufgewacht und las, im Bett sitzend, jene mir inzwischen so wohlbekannten Verse aus dem Koran. Noch während ich die Worte in mich aufnahm, sprach ich in meinem Herzen die alte Litanei: »O Jesus, Sohn der Maria, heile mich!« Doch dann brach ich plötzlich ab und sprach laut einen Gedanken aus, der sich mir mit Gewalt aufgezwungen hatte:

»So lange mache ich das nun schon und bin immer noch ein Krüppel!«

Nebenan hörte ich, wie jemand langsam aufstand und sich anschickte, wie üblich vor dem Morgengebet das Waschwasser vorzubereiten. In wenigen Minuten würde Tante zu mir hereinschauen. Während ich dieses alles in meinem Kopf registrierte, beschäftigten sich meine Gedanken auf hartnäckige Weise mit meiner Not. Warum war ich nicht gesund geworden, obwohl ich drei Jahre lang so intensiv gebetet hatte?

»Hör doch, du lebst im Himmel, und im Koran steht geschrieben, daß du Menschen geheilt hast. Also kannst du mich auch heilen, und trotzdem bin ich immer noch ein Krüppel.«

Warum bekam ich keine Antwort? Warum umfing mich nur eisiges Schweigen, das meinen vielen Gebeten Hohn sprach?

Wieder rief ich seinen Namen an und brachte verzweifelt mein Anliegen vor. Wieder wartete ich vergeblich auf Antwort. Da schrie ich in einer Aufwallung von plötzlichem Schmerz laut auf: »Wenn du kannst, dann heile mich – wenn nicht, dann sag es mir!« Ich wußte nicht mehr ein noch aus.

Es fällt mir nicht leicht, das, was als nächstes geschah, in Worte zu fassen. Der ganze Raum war plötzlich mit Licht erfüllt. Zuerst dachte ich, das Licht käme von meiner Nachttischlampe, doch dann merkte ich, daß ihr Schein nur schwach leuchtete. Vielleicht war es das Tageslicht? Aber dazu war es noch zu früh. Das Licht wurde stärker und nahm an Intensität zu, bis es heller leuchtete als die Sonne. Ich bedeckte mein Gesicht mit dem Schal, so sehr fürchtete ich mich.

Dann kam mir der Gedanke, der Gärtner könne vielleicht die Außenbeleuchtung angeschaltet haben, um die Bäume im Garten anzustrahlen. Das tat er manchmal, wenn die Mangos reif waren, um Diebe abzuschrecken, oder auch, um sich während der kühlen Nachtstunden um die Bewässerung zu kümmern.

Verstohlen schaute ich unter meinem Schal hervor. Doch die Fenster und Türen waren fest verschlossen, alle Vorhänge zugezogen und die Jalousien heruntergelassen. Plötzlich bemerkte ich mehrere Gestalten in langen Gewändern, die mitten in dem strahlenden Licht standen, nicht weit von meinem Bett entfernt. Zwölf waren es, alle in einer Reihe, und die Gestalt in der Mitte, die dreizehnte, war größer und heller als die anderen.

»O Gott!« rief ich aus, während mir der Angstschweiß auf die Stirn trat. Mit gesenktem Kopf fing ich an zu beten: »O Gott, wer sind diese Leute, und wie sind sie hier hereingekommen, wo doch alle Fenster und Türen geschlossen sind?«

Plötzlich hörte ich eine Stimme sagen: »Steh auf! Dies ist der Weg, den du immer gesucht hast. Ich bin Jesus, der Sohn der Maria, zu dem du gebetet hast. Jetzt stehe ich vor dir. Steh auf und komm zu mir!«

Ich begann zu weinen. »O Jesus«, schluchzte ich, »ich bin ein Krüppel. Ich kann nicht aufstehen.«

Er antwortete: »Steh auf und komm zu mir! Ich bin Jesus!«

Als ich zögerte, wiederholte er die Aufforderung. Und dann, während ich immer noch zweifelte, sprach er zum dritten Mal: »Steh auf!«

In diesem Augenblick fühlte ich, Gulshan Fatima, die neunzehn Jahre als Krüppel im Bett zugebracht hatte, neue Kraft in meine verdorrten Glieder hineinfließen. Ich streckte meine Beine aus dem Bett und stand auf. Dann machte ich ein paar Schritte und fiel der himmlischen Erscheinung zu Füßen. Ich kniete in dem strahlendsten Licht, das man sich denken kann, einem Licht, das heller leuchtete als Sonne und Mond zusammen. Dieses Licht drang tief in mein Herz und meinen Sinn ein, und in diesem Moment wurde mir vieles klar.

Jesus legte mir seine Hand auf den Kopf, und ich bemerkte ein Loch in der Hand, von dem ein Lichtstrahl auf mein Gewand fiel, so daß das grüne Kleid weiß aussah.

Er sprach: »Ich bin Jesus. Ich bin Immanuel. Ich bin der Weg, die Wahrheit und das Leben. Ich lebe und werde bald wiederkommen. Von diesem Tag an bist du mein Zeuge. Was du mit deinen Augen gesehen hast, sollst du meinem Volk weitersagen. Mein Volk ist dein Volk, und du sollst treu sein und dieses Geschehen an mein Volk weitergeben.«

Er fuhr fort: »Du mußt dieses Kleid und deinen Körper makellos rein halten. Wo du auch hingehst, ich bin bei dir, und von diesem Tag an sollst du so beten:

›Unser Vater, der du bist im Himmel, geheiligt werde dein Name. Dein Reich komme, dein Wille geschehe, wie im Himmel so auch auf Erden. Unser tägliches Brot gib uns heute; und vergib uns unsere Schulden, wie auch wir unseren Schuldnern vergeben; und führe uns nicht in Versuchung, sondern erlöse uns von dem Bösen. Denn dein ist das Reich und die Kraft und die Herrlichkeit in Ewigkeit. Amen.‹«

Er ließ mich die Worte wiederholen, bis sie mir tief in Herz und Gemüt drangen. In seiner wunderschönen Einfachheit und doch großen Tiefe war dieses Gebet so vollkommen anders als die Gebete, die ich seit meiner Kindheit auswendig gelernt hatte. Gott wurde darin »Vater« genannt –, dieser Name griff mir ans Herz, er füllte die Leere in meinem Innern vollständig aus.

Ich wollte so gern zu den Füßen Jesu verweilen und immer wieder den neuen Namen Gottes im Gebet aussprechen: »Unser Vater...«, aber die himmlische Erscheinung hatte mir noch mehr zu sagen:

»Lies im Koran. Ich lebe und werde bald wiederkommen.« Das hatte ich gelernt, darum fiel es mir nicht schwer, dem, was ich hörte, Glauben zu schenken.

Jesus redete noch weiter mit mir. Ich war so voller Freude, daß ich es gar nicht beschreiben kann.

Ich betrachtete meinen Arm und mein Bein und bemerkte, daß Fleisch daran war. Meine Hand war zwar nicht vollkommen, aber sie besaß Kraft und hing nicht mehr lahm und nutzlos herunter.

»Warum machst du sie nicht ganz heil?« fragte ich.

Liebevoll kam die Antwort:

»Ich möchte, daß du mein Zeuge bist.«

Die Gestalten erhoben sich und entschwanden meinen Blicken. Ich wollte Jesus so gern noch länger dabehalten und weinte vor Traurigkeit laut auf. Dann verblaßte das Licht, und ich stand allein in der Mitte meines Zimmers, in ein weißes Gewand gehüllt, die Augen geblendet von dem gleißenden Licht. Sogar der Schein der Nachttischlampe tat meinen Augen weh, und meine Augenlider hingen schwer herab. Ich tastete mich zu einer Kommode hin, die an der Wand stand. In einer der Schubladen fand ich meine Sonnenbrille, die ich gewöhnlich trug, wenn ich im Garten saß. Ich setzte sie auf und konnte nun die Augen ohne Schwierigkeiten wieder öffnen.

Nachdem ich die Schublade sorgfältig geschlossen hatte, sah ich mich im Zimmer um. Es war noch genauso, wie ich es beim Aufwachen vorgefunden hatte. Die Uhr auf meinem Nachttisch tickte gleichmäßig und zeigte beinahe 4 Uhr morgens an. Die Tür war geschlossen und die Vorhänge an den Fenstern fest zugezogen, damit die Kälte nicht herein konnte. Trotzdem hatte ich mir das Geschehen der vergangenen Stunde keineswegs eingebildet, dafür war mein Körper der beste Beweis. Ich machte ein paar zögernde Schritte, dann noch ein paar mehr. Mutiger geworden, ging ich von einem Ende des Zimmers zum anderen, kreuz und quer, hin und her. Kein Zweifel, die Glieder an der einst gelähmten linken Körperseite waren gesund und voller Kraft.

Ach, welch große Freude empfand ich.

»Vater!« rief ich aus. »Unser Vater, der du bist im Himmel!« Es war einfach wunderbar, dieses neue Gebet.

Plötzlich klopfte es an der Tür.

»Gulshan«, hörte ich Tantes aufgeregte Stimme sagen, »wer läuft da in deinem Zimmer herum?«

»Ich bin es, Tante.«

Ich merkte, wie sie nach Luft schnappte, dann kam ihre Stimme von neuem: »Oh, das ist unmöglich. Du bist unheilbar krank. Wie kannst du da laufen? Du lügst.«

»Komm doch rein und sieh selbst!«

Langsam ging die Tür auf, und Tante schob sich ängstlich ins Zimmer. Voller Entsetzen und in ungläubigem Staunen stand sie da, eng an die Wand gepreßt, und starrte mit großen Augen in mein strahlendes Gesicht.

»Paß auf, du fällst!« sagte sie.

»Ich falle nicht«, lachte ich, denn ich spürte, wie neues Leben durch meinen Körper strömte und ihn mit Kraft erfüllte.

Langsam kam Tante auf mich zu, die Hände ausgestreckt wie ein Blinder, der sich vorwärtstastet. Sie schob den Ärmel meines Kasacks hoch und betrachtete meinen Arm, der rund und prall geworden war. Dann forderte sie mich auf, mich aufs Bett zu setzen, um mein Bein ansehen zu können, das genauso gesund war wie das andere.

»Es sieht komisch aus, wenn du stehst. Ich muß mich erst daran gewöhnen«, bemerkte sie.

Dann wollte sie wissen, was passiert war.

Nun erzählte ich meiner Tante alles, was geschehen war, angefangen bei der Prophezeiung meines Vaters und der Stimme in meinem Zimmer am Tag nach seinem Tod. Ich sprach von den drei Jahren, in denen ich die Aussagen des Korans über Jesus studiert hatte, und berichtete zum Schluß davon, wie er mir persönlich erschienen war und mich gesund gemacht hatte.

Als ich an die Stelle kam, wo Jesus mir befohlen hatte, sein Zeuge zu sein, unterbrach Tante mich mit den Worten: In Pakistan gibt es keine Christen, denen du diese Dinge bezeugen kannst, und nach Amerika oder England brauchst du dafür bestimmt nicht zu gehen. Dein Zeugnis sollte darin bestehen, daß du den Armen Almosen gibst. Wenn diese Leute zu dir kommen und du sie mit Nahrungsmitteln und Geld versorgst, dann ist das das beste Zeugnis.«

Bis dahin hatte ich den Auftrag, den Jesus mir gegeben hatte, noch gar nicht so verstanden, daß ich vielleicht nach England oder Amerika gehen sollte. Aber seine Worte an mich standen mir noch lebhaft vor der Seele:

»Was du mit deinen Augen gesehen hast, sollst du meinem Volk weitersagen. Mein Volk ist dein Volk.«

In Gedanken sprach ich ein kurzes Gebet: »Jesus, wo ist denn dein Volk?«

Kapitel 7

Berühmtheit

Als ich geboren wurde, ließen meine Eltern einen *najumi* kommen, der meine winzige Faust öffnete, um die Handlinien zu lesen.

»Ihre Tochter wird einmal berühmt werden«, sagte der Mann endlich, nachdem er die Handfläche einige Augenblicke lang gründlich betrachtet hatte.

Vater und Mutter waren freudig überrascht und belohnten ihn gewiß großzügig für die gute Auskunft. Ich erwähne das hier, weil mein Vater später diesen *najumi* verfluchte und ihn einen Betrüger und Lügner nannte. Mit sechs Monaten bekam ich nämlich Typhus, und es sah so aus, als sei ich dazu verurteilt, den Rest meines Lebens als hilfloser Krüppel zubringen zu müssen.

Doch als ich in der Morgenfrühe dieses Januartages die ersten Schritte meines Lebens machte, wurde ich schlagartig als wandelndes Wunder berühmt. In diesem Moment ahnte ich allerdings noch nichts davon, daß ich auf eine Art von Berühmtheit zusteuerte, die niemand in meiner Familie für mich gewollt hatte.

Die Dienstboten kamen angerannt. Die weiblichen Angestellten standen fassungslos an der Tür und stießen laute »Ahs« und »Ohs« der Bewunderung aus:

»Ach, Bibi-ji, bist du es wirklich? Hat Gott dich endlich geheilt?«

»Jesus Immanuel ist mir hier in diesem Zimmer erschienen und hat mich gesund gemacht«, erwiderte ich. Meinen Blicken unsichtbar, lauschten auch die männlichen Bediensteten, vor Verwunderung wie betäubt.

Tante scheuchte sie alle fort, postierte meine beiden Mädchen an meine rechte und linke Seite und verfolgte ängstlichen Blickes jeden meiner Schritte, während ich aus dem Zimmer hinaustrat und quer durch das ganze Haus ging, bis hinaus auf die Veranda. Sie hatte Angst, ich könnte über eine Teppichkante stolpern, auf den glatten Fliesen ausrutschen oder auf dem rauhen Zementfußboden fallen. Aber mein Gehirn übernahm die Kontrolle über meinen Körper und fing an, die richtigen Befehle auszuteilen, damit er sich mit den Dimensionen und Flächen der physischen Welt auseinandersetzen lernte. Es besteht ein himmelweiter Unterschied zwischen einem Baumstamm, der irgendwo an seinem Ort liegt und nur darauf wartet, bei einem Lagerfeuer Verwendung zu finden, und einem lebenden Baum, der aktiv daran beteiligt ist, für andere Leben zu schaffen. Ich bemerkte diesen Unterschied sogleich, als ich, von einem ganz neuen Lebensgefühl durchdrungen, auf der Veranda stand und mich mit meinem Onkel unterhielt.

Hinter meinem *dopatta* (Schleier) verborgen, wartete ich gespannt auf seine Reaktion. Ich war zwar der Haushaltungsvorstand, aber er hatte sich bisher an meiner Stelle um alles kümmern müssen. Was würde er nun zu den veränderten Verhältnissen sagen?

Meine Befürchtungen waren unnötig. Er war aufs höchste erfreut.

»Für uns bist du heute geboren worden«, sagte er. »Wenn dein Vater noch lebte, so würde er vor Freude springen. Wir freuen uns genauso mit dir.« Tränen standen ihm in den Augen, während er sprach.

»Danke, Onkel«, erwiderte ich voller Dankbarkeit. »Deine Unterstützung bedeutet mir sehr viel.«

Bald darauf hörte ich ihn am Telefon mit meinen Geschwistern reden. Die frische, kühle Morgenluft knisterte förmlich vor Erregung, während einer nach dem anderen sich der vollen Bedeutung dessen, was geschehen war, bewußt wurde.

Nach außen hin versuchte ich ruhig zu bleiben, als ich dann zum ersten Mal mit meiner Familie das Frühstück einnahm und ohne Mithilfe selbst aß. Ich war mir bewußt, daß die ganze Tischrunde wie auch die Dienstboten in der Küche meine Bewegungen genau verfolgten, als ich meine linke Hand ausstreckte, um Zuckerdose oder Milchkännchen zu ergreifen, und den Kindern zu reichen, was sie brauchten. Die beiden waren total fasziniert, und nur der scharfe, warnende Blick ihrer Mutter hielt sie davon ab, allzuviele Fragen zu stellen.

»Du kannst jetzt herumgehen und selber im Haus nach dem Rechten sehen«, meinte Onkel, als er zur Arbeit fuhr und dabei die Kinder zur Schule mitnahm. Zum ersten Mal in meinem Leben wanderte ich nun durchs ganze Haus, schaute in jedes Zimmer, nahm jeden einzelnen Quadratmeter in Besitz und stieß überall auf glückliche Gesichter. Ich hatte ein Gefühl, als ob ich von einem neunzehnjährigen Schlaf erwacht sei.

Ich erinnere mich daran, daß ich den Schlüssel zum Zimmer meines Vaters nahm und einige Zeit ganz allein dort drinnen zubrachte. Es war ein Anbau, den Vater gemacht hatte, und der nur wenig von seinen wahren Gedanken verriet –, ein Doppelzimmer, einfach und zweckmäßig ausgestattet mit einem *charpai,* einem beigefarbenen Teppich, zwei Stühlen, hellgrünen Tapeten und Vorhängen. An den Wänden hingen eine große, gerahmte Fotografie von ihm, die ihn als jungen Mann zeigte, sowie etliche Bilder von Mekka und Medina. Außerdem war da noch sein Jagdgewehr, das er benutzt hatte, wenn er draußen auf seinen Ländereien war.

Tränen traten mir in die Augen. Ich fühlte seine Gegenwart so nahe, als sei er gerade eben aufgestanden und habe das Zimmer nur für einen Augenblick verlassen, um gleich wieder hereinzukommen. »Siehst du, Aba-Jan, deine Gebete sind erhört worden«, wisperte ich, wobei ich sein Bild mit dem feierlich-ernsten Ausdruck betrachtete und dann meine Blicke zu den Fotos von Mekka und Medina gleiten ließ. Er hatte wirklich sein Bestes für mich getan –, mehr als viele Väter es für notwendig gehalten hätten. Dennoch gab es eine Macht auf dieser Welt, von deren Größe er keine Ahnung gehabt hatte, und ausgerechnet ich, seine kranke Tochter, war irgendwie mit ihr in Berührung gekommen, gesegnet und geheilt worden

Doch nirgends in diesem Raum, den meine Eltern einst geteilt hatten, konnte ich meine Mutter entdecken. Ich ging in das kleine angrenzende Zimmer, das sie als Abstellkammer benutzt hatte. Es diente jetzt als Tresorraum, in dem Geld, Schmuck und Juwelen aufbewahrt wurden. Ich hatte meine Mutter nie gekannt, und es gab auch keine Fotografie von ihr, die mir gezeigt hätte, wie sie ausgesehen hatte. Damals wäre es keinem in unserer Familie in den Sinn gekommen, eine Frau zu fotografieren. Trotzdem verspürte ich in diesem Augenblick ihre Nähe ganz real und fing bitterlich an zu weinen:

»Ach, *Ma-ji,* wenn du doch hier wärest! Warum mußtest du von mir gehen, als ich noch ganz klein war? Jetzt habe ich weder dich noch Vater, um meine Freude zu teilen.«

Meine Geschwister jedoch kamen alle, um sich mit mir zu freuen. Jeder einzelne von ihnen mußte sich alles ganz genau anhören: wie ich in der Nacht nach Vaters Tod eine Stimme gehört hatte, die mir befahl, die Stellen über Jesus im Koran zu lesen; wie ich das drei Jahre lang regelmäßig getan und dabei immer verzweifelter zu Jesus gebetet hatte, bis er mir in meinem Zimmer erschienen war, mich angerührt und geheilt hatte. Zum ersten Mal seit dem Tod meines Vater erfüllte echte Freude unser Haus.

»Wir müssen unbedingt ein Fest veranstalten und dazu unsere Nachbarn und Freunde aus der Stadt einladen«, sagte Anis.

»Ja, gewiß, das müssen wir«, bestätigte Safdar Schah, als ihm der Vorschlag unterbreitet wurde. »Wir müssen Gott danken, daß er unsere Gebete erhört hat. Und wir dachten schon, deine Reise nach Mekka sei umsonst gewesen. Dabei war es die ganze Zeit Gottes Wille, dich gesund zu machen.«

An jenem ersten Tag hatte ich sehr viel zu lernen, und mein Gehirn spielte mir des öfteren seltsame Streiche. Ich vergaß, daß ich laufen konnte, und bat Tante, mir dieses oder jenes zu holen, z.B. den Schal vom anderen Ende der Couch. Automatisch stand sie auf, und im gleichen Moment fiel mir ein, daß ich ja nicht mehr gelähmt war und ihn selber holen konnte.

Als der Tag zu Ende ging, war ich rechtschaffen müde. Was meinen Körper anging, so war von den langen Krankheitsjahren nichts mehr zu spüren, aber innerlich fühlte ich mich immer noch als Invalide. Es sollte einige Zeit dauern, bis ich mich auf die vielen Kontakte eingestellt hatte, die es in Zukunft mit den Menschen außerhalb der vier schützenden Wände meines Zimmers zu knüpfen und zu pflegen galt. Jetzt machte es mir nichts mehr aus, wenn die Leute mich anstarrten. Mein Arm und Bein waren gesund, wenn auch nicht völlig normal, da ich im Lauf der Jahre eine Reihe von Untersuchungen und Operationen über mich hatte ergehen lassen müssen, die dazu geführt hatten, daß einige meiner Zehen und Finger im Wachstum gestört worden waren. Der große Unterschied jedoch bestand darin, daß ich meine Glieder jetzt gebrauchen konnte.

Während der nächsten paar Tage verzeichneten wir einen unablässigen Strom von Besuchern, zu denen viele Onkel und Tanten gehörten, die weit entfernt wohnten, sowie meine Schwester aus Rawalpindi. Am Wochenende feierten wir das geplante Fest, da es dann den meisten Bekannten und Verwandten möglich war dabeizusein. Ich erzählte jedem von ihnen, wie Jesus mich geheilt hatte.

Daß ich immer wieder den Namen Jesus erwähnte, brachte den ersten Mißklang in die ganze Angelegenheit hinein, denn meine Brüder wurden langsam unruhig. Als sie zum sechsten Mal die gleiche Geschichte gehört hatten, fühlte sich Safdar Schah in seiner Stellung als religiöses Oberhaupt der Familie gedrungen zu sagen:

»Wir würden es lieber sehen, wenn du sagen würdest, daß Mohammed dich geheilt hat. Dieser Jesus ist für uns nicht so wichtig.«

»Ich kann aber nicht sagen, daß Mohammed mich geheilt hat. Das war Jesus, und er hat mir befohlen, es weiterzusagen.«

»Jesus hat seine Anhänger in England, den USA und Kanada. Das sind christliche Länder. Bestimmt wirst du nicht dorthin reisen wollen, um zu erzählen, wie Jesus dich geheilt hat. Auf alle Fälle wäre es klüger, dies hier nicht so laut herauszuposaunen.«

Safdar Schah sprach diesen Satz in durchaus sachlichem Ton aus. Vielleicht war es auch gar nicht seine Absicht, ihn wie eine Drohung klingen zu lassen, aber ich konnte aus seinen Worten die ganze Abneigung und Feindschaft gegen die »Menschen des Buches« heraushören, die wir als Familie von unserem Vater übernommen hatten.

»Das Buch«, von dem hier die Rede ist, ist die Torah (das Alte Testament) und die Injeel (das Neue Testament), also jene Bücher, die von Juden und Christen verehrt werden und die beiden Teile der Bibel bilden. Alle Mohammedaner vertreten die Ansicht, daß sie dem Islam gefährlich werden können, und setzen alles daran zu beweisen, daß der Koran, obwohl einige Zeit später geschrieben, ihnen haushoch überlegen und auch viel genauer ist, ja, daß er die beiden anderen Bücher korrigiert. Ich hatte dieses bisher nie bezweifelt, aber jetzt machte ich mir so meine Gedanken.

Warum hatte Jesus mich heilen können, wenn er gar nicht so wichtig war? Wie war es möglich, daß der Koran, der doch angeblich die letzte Instanz bezüglich aller Einzelheiten und Fragen des menschlichen Lebens bildete, nur so wenig über ihn aussagte? Seine Kraft zu heilen war doch gewiß die Kraft, von der der Koran sprach? Und sie kam doch ganz sicher von Gott? Schritt für Schritt bemächtigte sich meiner eine tiefe Sehnsucht nach der Wahrheit. Ich hatte den Wunsch, die Bibel selber lesen zu können, um mehr über Jesus zu erfahren.

Während ich in mir selber nun eine Kraft entdeckte, die mich anders sein ließ als die übrigen Familienmitglieder, so entdeckten diese ihrerseits an mir viele neue Dinge, die ihr Verhältnis zu mir betrafen. Als kranke, hilflose Schwester war ich für sie gewissermaßen ein Wesen ohne eigenen Willen gewesen. Sie wußten immer, wo sie mich antreffen konnten und wie sie mich behandeln mußten. Sie wußten, daß ich jederzeit auf ihre Vorschläge eingehen würde. Ich besaß keine eigene Kraft, sondern war voll und ganz auf sie angewiesen. Doch jetzt konnte ich selber frei entscheiden, ja, mehr und mehr zeigte es sich, daß ich die Tochter meines Vaters war, die ihren eigenen Kopf besaß. Die gute Erziehung und Ausbildung, die ich, wenn ich gesund gewesen wäre, bestimmt nicht genossen hätte, hatte meinen Verstand geschärft, so daß ich manchmal sogar bei einer Auseinandersetzung mit Safdar Schah Sieger blieb. Er mußte feststellen, daß es äußerst schwierig ist, mit einem wandelnden Wunder zu argumentieren, da dieses eine nicht zu bestreitende moralische Kraft besitzt.

Von Anfang an hielt Tante an der Behauptung fest, die Erscheinung, die ich von Jesus gehabt hatte, bedeute, daß ich den Armen Almosen geben solle; sie würden dann hingehen und anderen Menschen von ihm erzählen. Wie konnte ich nur eine andere Ansicht vertreten? Nach allem, was ich wußte, gab es einfach keine Möglichkeit für eine Mohammedanerin, ihr Heim und ihre familiäre Sicherheit aufzugeben, um anderen Leuten zu predigen.

Ich legte Jesus die Frage vor, wer und wo sein Volk sei und wie ich es angesichts des Widerstandes von seiten meiner Familie möglich machen könne, zu ihm zu gehen.

Im Grunde meines Herzens wußte ich die Antwort. Sie kam als eine hörbare Stimme zu mir:

»Wenn du dich vor deiner Familie fürchtest, werde ich nicht mit dir sein. Du sollst mir treu sein, dann werde ich dich zu meinem Volk senden.«

So sprach die Stimme aus dem Dunkel zu mir, als sich meine Angehörigen am Abend zur Ruhe begeben hatten und ich auf meiner Gebetsmatte in meinem Zimmer kniete.

»Mein Volk ist dein Volk«, fuhr die Stimme fort, »und du sollst ihm meine Botschaft bringen.«

Ich sagte keinem Menschen etwas von der Stimme, aber meine Angehörigen mußten die Veränderung an mir gespürt haben, denn sie ließen mich nicht aus den Augen und stellten mir fortwährend lästige Fragen:

»Du willst doch nicht etwa dein Zuhause verlassen und nach England oder Kanada gehen? Weißt du nicht mehr, was du über England gesagt hast, als du damals zurückgekommen bist?«

»Warum gibst du nicht lieber den Armen deine *zakat,* anstatt nach England zu reisen? Dann können sie allen anderen von deinem Jesus erzählen.«

Ich gab den Bettlern, die an die Tür kamen, sowieso schon eine Armensteuer von jährlich 50.000 Rupien. Innerhalb der nächsten zwei oder drei Monate legte ich noch weitere 10.000 Rupien *zakat* dazu.

Danach kam Onkel zu mir. »Jetzt mußt du doch glücklich sein. Du hast das getan, was Gott von dir verlangt, nämlich Almosen zu geben. Und du warst dabei sehr freigebig.«

Doch ich war nicht glücklich. Mit leiser Stimme sagte ich: »Ich habe mich selber aber noch nicht gegeben, und das erwartet er von mir.«

Ich dachte, Onkel hätte meine Worte nicht gehört, doch er sog hastig die Luft ein. »Hör zu, Gulshan«, sagte er dann, »ich rede jetzt, als ob ich dein Vater wäre – möge seine Seele im Paradies Ruhe finden –. Was immer es ist, das Jesus von dir fordert, gib es ihm, es sei Geld oder Grundbesitz, – aber verlaß dein Land und deine Religion nicht, und gib dich auch nicht selber!«

Die Tage verstrichen, und ich merkte, wie das neue Leben in mir ganz zart zu keimen begann. Wenn der Muezzin seinen Gebetsruf vom Turm der Moschee erschallen ließ, ging ich wie gewöhnlich in mein Zimmer. Ich war froh, die Tür vor Tantes scharfen Blicken verschließen zu können, und von ganzem Herzen dankbar dafür, daß ich der Hilfe meiner Dienerinnen nicht mehr bedurfte. Wenn ich mich jetzt zurückzog, so geschah es nicht, weil ich die alten Riten vollziehen wollte, sondern weil das Gebet für mich eine ganz neue Tiefe und Intensität bekommen hatte, seit ich aus meinem Herzen heraus zu Gott beten konnte.

Zwei Stunden, nachdem ich zum erstenmal das »Vaterunser« gehört hatte, hatte ich bereits die Worte niedergeschrieben, von denen jedes einzelne einem bestimmten Bedürfnis entsprach. Es kam mir vor, als sei dieses Gebet speziell für mich ersonnen worden. Ich ahnte ja nicht, daß es ein beliebtes Familiengebet der Christen war.

Auch zwischendurch im Lauf eines Tages sprach ich die Worte nach Art der Moslems, indem ich meine Perlenschnur zur Hand nahm und durch die Finger gleiten ließ, klick-klick-klick. Bei jeder Perle sagte ich mein Gebet auf. Auf diese Weise war es mir möglich zu beten, wann und wo ich wollte, weil es für einen Beobachter so aussehen mußte, als spräche ich das *namaz,* das Gebet der Moslems.

Im Lauf der folgenden Tage muß ich das Vaterunser wohl tausendmal oder mehr gebetet haben, und von Mal zu Mal ging es leichter. Ich hatte hier ein ganz neues Vokabular erhalten, um mit Gott zu reden. *»Unser Vater«* – das waren Worte, die mich Gott in einem ganz neuen Licht sehen ließen. Er war der Allerhöchste, daran bestand kein Zweifel, aber Er war auch der Vater, den ich verloren hatte.

»Wie lieb von dir, daß du mein Vater bist«, weinte ich nachts im Bett und spürte dabei, wie der unaussprechliche Trost der Liebe auf mich herabfloß. Die schreckliche Angst, die mich früher geplagt hatte, Gott könne mir irgendwie böse sein, war verschwunden.

»Geheiligt werde dein Name.« Das verstand ich gut, war ich als Mohammedanerin doch so erzogen worden, daß ich die heiligen Namen Allahs, die im Koran enthalten sind, mit Ehrfurcht betrachtete. Die Moslems gebrauchen die verschiedenen Namen Allahs mit großer Achtung und Ehrfurcht, wobei sie kleine verbale »Kniefälle« hinzufügen wie z.B. die Worte: »Sein Name sei gepriesen.« Die Namen Allahs üben sogar visuell eine große Macht über die Vorstellungskraft des Mohammedaners aus, denn sie gehören zu den ganz wenigen Verzierungen, die in der Moschee erlaubt sind. Neu war für mich, daß ich nun persönlich ein wenig von dieser verzehrenden Heiligkeit erlebt hatte.

»Dein Reich komme, dein Wille geschehe, wie im Himmel so auch auf Erden.« Ich wußte jetzt, daß Jesus kein geringer Prophet von untergeordneter Bedeutung war, sondern der ewige König, der bald wiederkommen wird, um Sein himmlisches Reich auch auf dieser Erde aufzurichten.

»Unser tägliches Brot gib uns heute.« Ich hatte früher nie daran gedacht, Gott um Brot zu bitten, da alle meine Wünsche stets überreichlich erfüllt worden waren. Doch diese Bitte zeigte mir, daß Gott sich auch um die materiellen Bedürfnisse des Betenden kümmert und möchte, daß dieser von Ihm, seinem Vater, in allen Dingen abhängig ist.

»Und vergib uns unsere Schulden, wie auch wir unseren Schuldnern vergeben.« Vergebung? In den Gebeten des Mohammedaners kommt nichts von Vergebung vor. Seine Vorstellung von Gott läuft darauf hinaus, daß Er sowohl Seine Anhänger als auch die Übeltäter und Ungläubigen mit Gericht bestraft. Deswegen war ja auch ich bereits zu der Überzeugung gelangt, daß ich irgendeine schreckliche Sünde begangen haben mußte, um derentwillen ich mit Krankheit und dem Verlust meiner Eltern bestraft worden war. Die einzige Hoffnung für einen Mohammedaner, im Jenseits Lohn zu empfangen, ist die, daß er jeden Tag die vorgeschriebenen Gesetze peinlich genau und in allen Einzelheiten vollzieht, mindestens einmal im Leben eine Pilgerreise nach Mekka unternimmt und auch die anderen drei grundsätzlichen Vorschriften des Islams strikt befolgt.

Doch hier war nicht von einer bloßen rituellen Reinigung die Rede, sondern von der Gewißheit, daß Sünde, um vergeben werden zu können, vor Gott bekannt werden muß, und daß derjenige, der für sich selber Vergebung erlangen möchte, seinerseits auch den anderen vergeben muß. Trotz meiner einwandfreien religiösen Erziehung hatte ich davon bisher keine Ahnung gehabt.

»Führe uns nicht in Versuchung, sondern erlöse uns von dem Bösen.« So betete ich, weil es mir Kraft gab, der Vision, die ich von Jesus gehabt hatte, treu zu bleiben. Er allein konnte mich von dem starken Zug zurück in die Geborgenheit des Islams befreien, der in immer stärkerem Maß von meiner Familie ausging.

»Denn dein ist das Reich und die Kraft und die Herrlichkeit in Ewigkeit. Amen.« Die majestätischen Schlußworte waren einfach, aber voller Kraft. Ich hatte diese Herrlichkeit selber gesehen und war dadurch für alle Zeiten verändert worden.

Die Mohammedaner besitzen keinen Mittler zwischen sich und Gott – obwohl sie annehmen, daß Mohammed diese Stellung einnimmt –, deshalb nehmen sie beim Gebet eine solch demütige Haltung an. Ich aber hatte jetzt einen Mittler, der mir wiederum einen ganz neuen Weg gezeigt hatte, wie ich zu Gott kommen konnte. Der Moslem ist selber für seine Handlungen verantwortlich, egal ob gut oder böse, und hat die Konsequenzen zu tragen. Es ist für ihn durchaus denkbar, daß Gott ihn wegen schlechten Betragens in die Hölle schickt. Ich aber hatte jetzt eine ganz neue Schau von Gott. Wenn ich Ihn »Vater« nennen durfte, dann hieß das, daß Er auch für mein Leben und mein Wohlergehen verantwortlich war, so wie mein irdischer Vater es gewesen war. Diese Überlegungen kamen mir, und ich betete dementsprechend, glücklich wie ein Kind, das sich in einer überfüllten Basarstraße verlaufen hat und dann von seinem Vater wiedergefunden worden ist. Ich sehnte mich danach, mehr über Ihn zu erfahren, ja, vielleicht ein Exemplar des Buches der Christen zu bekommen.

Wenn ich von diesem neuen Weg, den ich eingeschlagen hatte und nun Schritt für Schritt verfolgte, einmal nach oben geschaut hätte, wäre ich vielleicht die Gewitterwolken gewahr geworden, die sich über meinem Kopf zusammenzogen. Zehn Tage nach meiner spektakulären Heilung, als ich mich gerade ein wenig in meinem Zimmer ausruhte, brach der Sturm los. Meine Angehörigen hatten sich vollzählig im Empfangsraum der Männer versammelt, wo sie bei verschlossenen Türen über mich zu Gericht saßen –, so kam es mir jedenfalls vor.

Natürlich drückten sie es anders aus. Safdar Schah hielt eine kurze Eröffnungsrede:

»Wir haben die Familienoberhäupter zusammengerufen, um dich zu bewegen, die extremen Ansichten aufzugeben, die du seit kurzem vertrittst. Wir akzeptieren die Tatsache, daß Jesus dich geheilt hat. Aber wenn das bekannt wird, ist es für uns nicht gut. Wir sind eine der führenden moslemischen Familien und werden durch dich in Verruf geraten.«

Neben meinen Geschwistern und ihren Ehegatten waren meine Onkel mütterlicherseits sowie ein Onkel väterlicherseits und alle Cousins anwesend, außerdem Onkel und Tante, die, wie ich merkte, dafür verantwortlich gemacht wurden, daß so etwas überhaupt geschehen konnte.

Lange Zeit sagte ich überhaupt nichts, sondern ließ sie reden. Dann fragte ich: »Freut ihr euch denn nicht darüber, daß ich gesund geworden bin?«

»O doch«, erwiderten sie. »Es war uns ein großes Anliegen, daß du geheilt werden möchtest, aber jetzt, nachdem es geschehen ist, sollst du nicht aller Welt erzählen, daß Jesus dich gesund gemacht hat.«

Nach einer kurzen Pause fügte Safdar Schah hinzu: »Um des Islams willen könnten wir dich sogar töten. Das steht im Koran.«

Ich sah mich im Kreis derer um, die da im Zimmer versammelt waren. Meine Schwestern hatten Tränen in den Augen. Tante und Onkel waren vor Schreck und Angst ganz bleich geworden. Die grauen Bärte meiner Onkel wackelten, während sie zustimmend mit dem Kopf nickten, und die Blicke, mit denen mich meine Brüder durchbohrten, erinnerten an die Augen eines Habichts, der seine Beute erspäht hat. Mit jeder Sekunde wurde der innere Abstand zwischen ihnen und mir größer, das spürte ich. Wie war es möglich, daß eine Religion einen solchen Haß hervorbringen konnte, daß sie mich lieber tot sehen wollten als eine Wahrheit weitersagen lassen, die ihnen nicht paßte?

»Vergib uns unsere Schulden, wie auch wir unseren Schuldnern vergeben.« In diesen Worten lag eine Wahrheit, die mehr Macht besaß als alle Gesetze des Islams zusammen. Ich empfand in diesem Augenblick keinerlei Haß gegen meine Angehörigen, sondern nur eine tiefe Liebe, die, wenn ich gekonnt hätte, die Mauer zwischen uns niedergerissen hätte.

Wieder entstand ein kurzes Schweigen, dann ergriff mein ältester Bruder das Wort:

»Wenn du so weitermachst, werden wir dich aus der Familie ausstoßen. Dann verlierst du alles, was du hier an Bequemlichkeit besitzt. Solltest du vorhaben, zu irgendwelchen Christen zu gehen, dann werden wir ihnen ebenfalls Schaden zufügen. Obwohl es natürlich in unserer Gegend überhaupt keine Christen gibt.« Zu jenem Zeitpunkt war ich der gleichen Ansicht.

Ich war immer still und bescheiden gewesen und hatte den Älteren gehorcht, die mich jetzt tyrannisieren wollten. Die alte Gulshan hätte bestimmt nachgegeben und nicht versucht, sich selbst zu behaupten. Aber die neue Gulshan war sich einer inneren Kraft bewußt, die ihr eine nie gekannte Kühnheit verlieh. Ich hatte keine Angst vor meiner Familie. Worte, die ich mir nicht selber ausgedacht hatte, kamen über meine Lippen.

»Ich habe euch lange zugehört«, sagte ich, »und natürlich verstehe ich eure Besorgnis. Ich kann nicht auf alles eingehen, was ihr vorgebracht habt, weil ich abwarten muß, was Jesus dazu sagt. Er wird mich wissen lassen, was ich als nächstes zu tun habe. Wenn ich Seine Anweisungen vernommen habe, werde ich ihnen Folge leisten, selbst wenn ihr mich deswegen tötet.«

Einige der Anwesenden schnappten hörbar nach Luft. »Was für eine Unverschämtheit«, sagten die Onkel zueinander. Sie wollten ihren Ohren nicht trauen; eine solch „freche" Antwort hatte wohl keiner erwartet. Ich wunderte mich über mich selbst, daß ich es gewagt hatte, der Autorität der Familie in dieser Weise zu trotzen. Was würden sie jetzt mit mir machen? Es war ein gefährlicher Augenblick.

Rasch fügte ich hinzu: »Ich verspreche euch, daß ich der Familie durch mein Verhalten keine Schande bereiten werde, aber ich muß warten, bis Jesus mir sagt, wie ich Ihn bezeugen soll. Ich habe übrigens noch keine Christen kennengelernt und weiß auch nicht, wo ich sie finden soll.«

Die Männer steckten die Köpfe zusammen. Meine Schwestern und Tante vermieden es, mich anzusehen. Sie sagten nichts, denn

Frauen hatten sich nicht einzumischen, wenn Männer schwerwiegende Entscheidungen fällten.

Ich überlegte, ob meine Angehörigen mich vielleicht auf der Stelle zu töten beabsichtigten. Sie hatten ohne weiteres das Recht dazu. Daran zweifelte niemand... außer, daß ich bei vielen Leuten unserer Umgebung bekannt und beliebt war. Man würde sich schon etwas Besonderes einfallen lassen müssen, um meinen plötzlichen Tod zu vertuschen.

Schließlich verkündete Safdar Schah das Urteil:

»Okay. Wir werden abwarten, was du tust. Und wir werden auch für dich beten. Vielleicht bist du ja nur durchgedreht.«

Für den Moment war noch einmal alles gutgegangen, aber ich wußte, daß sie keine Ruhe geben würden, bis ich zum Schweigen gebracht war und nichts mehr über meine Heilung sagte. Doch wenn ich ihnen in diesem Punkt gehorchte, verleugnete ich das, was mein Vater im Himmel mir nach meiner Überzeugung anvertraut hatte.

»Was willst du, daß ich tun soll?« betete ich in meiner Bestürzung. Die Antwort kam zwei Tage später. Es war Abend, und mit einem Gefühl äußerster Dringlichkeit betete ich immer wieder die einfachen Worte: »Zeig mir deinen Weg, bitte, zeig ihn mir!«

Als ich aufblickte, gewahrte ich eine Nebelsäule, die vom Boden des Zimmers bis zur Decke reichte. Darin befand sich Jesus, und das gleißende Licht, das ich bei früherer Gelegenheit gesehen hatte, war durch den Nebel gedämpft. Ich schlief nicht, und ich träumte auch nicht.

Jesus sagte: »Komm zu mir!« Voller Freude erhob ich mich von meinen Knien und ging auf Ihn zu.

Er reichte mir Seine Hand, die mit einer Art Stoff bedeckt war. Ich streckte meine Hand nach Ihm aus und fühlte mich emporgehoben in die Luft. Verwirrt schloß ich die Augen. Dann wurde ich sanft auf etwas Weiches niedergesetzt, und als ich mich umschaute, stand ich auf einer weiten Ebene, die sich bis in die Ferne erstreckte. Sie war grün und frisch, und ich sah viele Leute darauf wandeln, einige nah, manche weit entfernt. Jeder von ihnen trug auf seinem Kopf eine Krone, und es ging ein Strahlen von ihnen aus, das meine Augen weh taten.

Ich hörte Worte, die wie wunderbare Musik klangen. Die Leute sagten »Heilig« und »Halleluja«. Das war ein neues Wort für mich, das nicht zum Sprachgebrauch der Moslems gehört. »Er ist das geschlachtete Lamm«, sagten sie. »Er lebt.« Und ich bemerkte, daß sie alle auf Jesus schauten.

Jesus sprach: »Dieses ist mein Volk. Diese Menschen sind es, die die Wahrheit sagen. Sie sind es, die zu beten verstehen. Sie sind es, die an den Sohn Gottes glauben.«

Ein Gesicht in der Menge fiel mir besonders auf. Ich schaute mir diesen Mann, der auf der Wiese saß, genau an. Jesus sprach weiter: »Geh zehn Meilen nach Norden, und dieser Mann wird dir eine Bibel geben.«

Während ich noch den Mann betrachtete, der mich übrigens, wie alle anderen auch, gar nicht zu bemerken schien, verblaßten die Gestalten, und ich kam wieder zu mir. Ich kniete in meinem Zimmer mit den vielen mir vertrauten Gegenständen. Als ich noch einmal über alles nachdachte, was ich gesehen und gehört hatte, überkam mich ein Gefühl gewaltiger Erregung. Ich hatte um Weisung gebetet, was ich als nächstes tun sollte. Nun wußte ich die Antwort: Ich sollte diesen Mann aufsuchen, ihm von meiner Vision, die ich von Jesus gehabt hatte, erzählen und ihn um eine Bibel bitten. Aber wo konnte ich ihn finden?

Plötzlich fiel mir etwas ein: Razia wohnte außerhalb der Stadt in Jhand Sadar, ein gutes Stück nordwärts, von unserem Haus aus betrachtet. Bei unserer Feier vor ein paar Tagen hatten wir verabredet, daß ich sie bald einmal besuchen würde.

Das war die Lösung. Irgendwo in ihrer Nähe mußte ein Mann wohnen, der bereit war, mir eine Bibel zu geben. Natürlich mußte ich allein gehen. Wenn meine Angehörigen etwas von diesem Plan erfuhren, würden sie gewiß versuchen, mich davon abzuhalten. Nun, da die Entscheidung gefallen war, überlegte und plante ich alles aufs sorgfältigste. Dabei war es mir jedoch noch gar nicht recht bewußt, welch unwiderrufliche Folgen dieser Schritt haben und wie sehr er mein Leben verändern würde.

Kapitel 8

»Das Buch«

Drei Wochen nach meiner Heilung fand ich endlich den Mut, meinen Plan, eine Bibel zu bekommen, in die Tat umzusetzen. Meiner Tante sagte ich, ich wolle Razia einen Besuch abstatten.

»Du nimmst doch Salima mit?« erkundigte Tante sich. Sie hatte sich immer noch nicht daran gewöhnt, daß ich jetzt selber über mein Leben bestimmten konnte und es auch tat.

»Nein Tante«, lächelte ich. »Ich denke, ich bin jetzt alt genug, daß ich auch einmal etwas unternehmen kann, ohne daß man gleich etwas Schlimmes dahinter vermuten muß. Sage bitte dem Munshi Bescheid, er möchte den Wagen für mich bestellen.«

Tante öffnete den Mund, um etwas zu erwidern, schloß ihn jedoch schnell wieder. Diese neue Gulshan schien weit weniger geneigt, sich um die Meinung anderer Leute zu kümmern, als die alte es gewesen war.

Majeed kam mit dem glänzendblauen Mercedes vorgefahren und öffnete mit Schwung die Tür zum Fond. Die Vorhänge wurden zugezogen, um mich vor neugierigen Blicken zu schützen. Jeder Zoll seiner Körperhaltung, während wir durch das Haupttor hinausschnurrten, verriet seine Zufriedenheit über die veränderte Sachlage. Ein fröhlich lächelnder *chowkedar* schloß das Tor hinter uns, und los ging die Fahrt.

Razia war bereits auf meinen Besuch vorbereitet. Was sie allerdings nicht wußte, war, daß ich noch einen anderen kurzen Besuch machen wollte. Ich schickte Majeed mit der Anweisung nach Hause, nach dem Mittagessen wiederzukommen und mich abzuholen. Dann trat ich auf meine alte Lehrerin zu und begrüßte sie herzlich. Razia war glücklich, mich so frisch und gesund vor sich stehen zu sehen, und stellte mir viele Fragen. Ein wenig enttäuscht und neugierig zeigte sie sich jedoch, als ich sagte, ich müsse dringend jemanden aufsuchen, der ein wenig weiter stadtauswärts wohne.

»Nein, du brauchst mich nicht zu begleiten«, erwiderte ich auf ihre Frage. »Ich muß dort nur schnell etwas erledigen.«

Ich ließ sie auf der Veranda zurück, von wo aus sie mir verdutzt nachschaute, während ich die Einfahrt hinunterlief und durch das Tor auf die Hauptstraße trat. Es war mir nicht ganz wohl in meiner Haut. Noch nie zuvor in meinem Leben hatte ich versucht, jemanden zu hintergehen, aber ich wußte mir keinen anderen Rat, um an eine Bibel zu gelangen. Erst als ich auf der Straße stand, merkte ich, daß ich meinen *burka* vergessen hatte –, wahrlich ein symbolisches Zeichen der neuen inneren Freiheit, die mir geschenkt worden war.

Eine von einem Pferd gezogene *tonga* näherte sich, und ich gab dem *tonga-wallah,* einem älteren Mann, ein Zeichen zu halten.

»Ich suche einen Mann in der Kachary-Straße, der Christ ist«, sagte ich. »Kennen sie so jemanden?«

Er sah unentwegt geradeaus, zwischen den Ohren seines alten, klapperigen Gaules hindurch, und tat so, als habe er nichts gehört, darum fügte ich rasch hinzu: »Ich habe eine Arbeit für ihn.«

Der Mann machte eine Kopfbewegung nach Norden hin. »Es gibt da eine Stelle, eine ganz alte, die schon existierte, bevor Pakistan ein selbständiger Staat wurde. Ich weiß nicht, ob da jetzt noch Christen wohnen, aber wenn Sie wollen, fahre ich Sie hin.«

»Ja, bitte, bringen Sie mich dorthin.«

Ich bestieg die *tonga.* Mein *tonga-wallah* gab seinem mageren Pferd die Peitsche, und es setzte sich gemächlich in Trab. Während der dreißigminütigen Fahrt hatte ich Zeit, über mein Vorgehen nachzudenken. Was würden meine Schwestern sagen, wenn sie ihre geliebte kleine Gulshan auf offener Straße allein in einer *tonga* fahren sähen? Das war in unserer Familie wahrlich beispiellos. Doch es blieb mir nichts anderes übrig. Jesus hatte mich auf diese Reise geschickt, und ich vertraute Ihm, daß alles gut ausgehen würde.

Schließlich kamen wir bei einem großen Gebäude an. Es war, wie ich später erfuhr, eine christliche Kapelle gewesen. Daneben befand sich, hinter einer hohen Mauer verborgen, ein großes einstöckiges Haus. Die *tonga* hielt vor einem Tor, das in die Mauer eingelassen war. »Hier ist es«, sagte der *tonga-wallah.*

Ich bezahlte die Fahrt und trat durch das Tor hindurch auf ein großes Grundstück, das voller alter Bäume war. Als ich suchend auf das Haus zeigte, sah ich einen Mann in der Sonne sitzen, der einen Stoß Bücher neben sich auf einem Tischchen liegen hatte.

Als ich näher kam, schaute der Mann auf, und mein Herz machte einen Freudensprung. Das war ja genau das Gesicht, das ich in der Vision gesehen hatte! »Dieser Mann wird dir eine Bibel geben«, hatte Jesus zu mir gesagt.

Der Mann erhob sich halb von seinem Stuhl und sagte höflich:

»Ich nehme an, Sie wollen meine Frau besuchen. Leider ist sie im Moment nicht zu Hause. Sie ist nach Lahore gefahren.«

Rasch stieß ich hervor: »Ich bin nicht gekommen, um Ihre Frau zu besuchen, sondern ich wollte Sie bitten, mir eine Bibel zu geben. Ich habe Sie in einer Vision gesehen.«

Der Mann schien aufs höchste überrascht zu sein. Er sah mich prüfend an, wobei er versuchte, den *dopatta,* den ich instinktiv über mein Gesicht gezogen hatte, während ich den Garten durchquerte, mit seinen Augen zu durchdringen. Ich ließ den Schleier fallen und sah ihn offen an.

»Wer sind Sie? Welcher Religion gehören Sie an? Wer ist Ihr Vater?«

»Ich wohne zehn Meilen von hier entfernt und komme aus einer moslemischen Familie.«

Ich konnte sehen, daß er darüber sehr erschrocken war. In was für Schwierigkeiten würde ihn diese fremde Mohammedanerin mit ihrer Bitte um eine Bibel bringen?

Er erwiderte: »Wenn ich Ihnen einen Rat geben darf, dann gehen Sie nach Hause und lesen weiter Ihren Koran. Was darin steht, ist gut für Sie, und was in meiner Bibel steht, ist gut für mich. Sie sollten sich nicht damit beschäftigen.« Mit diesen Worten erhob er sich, um mich hinauszugeleiten.

Doch ich blieb auf meinem Platz stehen, obwohl die Erregung merklich nachgelassen hatte und mir fast der Mut sinken wollte. Dabei hatte ich mir vorgestellt, er würde mich herzlich willkommen heißen, ja, vielleicht sogar auf meinen Besuch vorbereitet sein.

»Jesus Immanuel hat mich zu Ihnen gesandt. Bitte, glauben Sie mir doch!«

Er sah mich einige Augenblicke lang nachdenklich an und bat mich dann, Platz zu nehmen. Ich fing an, meine Geschichte zu erzählen, zuerst nur zögernd, dann aber immer eifriger. Ich schilderte ihm mein Leben während der neunzehn Jahre, die ich als Krüppel zugebracht hatte. Dabei erwähnte ich auch unsere Reise nach Mekka, und wie enttäuscht ich gewesen war, daß ich dort nicht geheilt wurde. Ich sprach von dem tragischen Tod meines Vaters und seinem erstaunlichen Resultat –, wie Jesus zu mir gesprochen und mich angewiesen hatte, den Koran zu lesen.

Der Mann lehnte sich auf seinem Stuhl vornüber und lauschte gespannt, den Blick unentwegt auf mein Gesicht geheftet. Noch nie war ich von einem fremden Mann so genau betrachtet worden, obwohl er mir eigentlich gar nicht fremd vorkam. Ich fuhr fort, von der wunderbaren Offenbarung Jesu in meinem Zimmer und von meiner Heilung zu berichten.

»Und dann«, sagte ich, »sah ich sie. Jesus erschien mir zum zweitenmal und zeigte mir Sein Volk, und Sie gehörten dazu. Er sagte mir, ich solle mich an Sie wenden, um eine Bibel zu erhalten. Und wenn Sie mir immer noch nicht glauben wollen, dann hören Sie bitte, welches Gebet Jesus mich gelehrt hat.« Damit sagte ich das Vaterunser auf.

Als ich geendet hatte, war Schweigen. Mein Gegenüber saß da, die Arme auf die Lehnen seines Stuhles gestützt und den Kopf auf die Brust gesenkt, in tiefes Nachsinnen versunken.

»Ist so etwas möglich?« sagte er schließlich, mehr zu sich selbst als zu mir. Er seufzte tief auf und erhob sich.

»Bleiben Sie bitte einen Augenblick hier sitzen. Ich muß erst über diese Angelegenheit beten, denn es ist für uns beide ein schwerwiegender Schritt, wenn ich Ihnen eine Bibel gebe.«

Er ging ins Haus, während ich draußen in der Sonne saß und den Kolibris zusah, die um die Bäume schwirrten, wobei sich ihre winzigen Flügel so schnell drehten, daß es aussah, als ständen sie mitten in der Luft still.

Nach einer Zeit des Wartens, die mir sehr lang vorkam, obwohl sie vielleicht nicht einmal eine halbe Stunde gedauert hatte, kam mein Bekannter aus dem Haus und sagte: »Ich habe gebetet und den Herrn gefragt, was ich tun soll. Ich habe das Empfinden, daß ich Ihnen das geben soll, worum Sie mich gebeten haben. Aber Sie sollten unbedingt wissen, daß der Weg, den Sie einzuschlagen beabsichtigen, ein sehr schwerer Weg ist. Sie könnten sogar von Ihrer Familie verstoßen werden. Sie werden viel durchmachen müssen und wahrscheinlich auch viel verlieren, aber wenn Sie treu bleiben, werden Sie das ewige Leben empfangen.«

»Das weiß ich alles«, erwiderte ich. »Trotzdem gibt es für mich kein Zurück. Ich möchte wirklich Jesus Immanuel folgen, der mich geheilt und mir den Weg der Liebe gezeigt hat.«

Er lächelte und meinte dann: »Überlegen Sie es sich bitte trotzdem noch einmal ganz genau. Wenn Sie tatsächlich alles aufgeben, was Sie um Christi willen aufgeben müssen, wird der Teufel Sie attackieren. Er wird Ihnen unzählige Hindernisse in den Weg legen, die Sie überwinden müssen. Sie werden auf heftigen Widerstand stoßen. Ja, es könnte sogar sein, daß es Christen sind, die Ihnen diese Hindernisse in den Weg legen.«

Tränen stiegen mir in die Augen. »Ich will nicht über etwaige Hindernisse nachdenken. Für mich ist nur das wichtig, was Jesus Immanuel mir anvertraut hat. Er hat mich gesund gemacht und meiner Seele Licht geschenkt. Ich möchte mehr über Ihn erfahren, und Er hat mich zu Ihnen geschickt. Bitte, helfen Sie mir!«

Daraufhin gab er mir ein Neues Testament in Urdu und ein Buch mit dem Titel »Die Märtyrer von Karthago«. Dann sprach er ein ergreifendes Gebet, das in einfachen Worten so viel Brüderlichkeit und Güte zum Ausdruck brachte, daß ich dadurch wirklich gestärkt wurde.

Für den Rückweg nahm ich wieder eine *tonga* und kam rechtzeitig zum Mittagessen bei Razia an. Ich ging nicht weiter auf die Fahrt ein, die ich unternommen hatte, sondern sagte nur: »Ich habe bekommen, was ich suchte, aber das Problem ist dadurch noch nicht gelöst.« Dann wechselte ich das Thema, und wir plauderten und lachten zusammen, als sei nichts Besonderes geschehen, bis Majeed kam, um mich abzuholen.

Tante hatte schon nach mir Ausschau gehalten. Sie sah mich aufmerksam an, aber ich wandte mich von ihr ab, denn ich war überzeugt, daß das, was ich soeben erlebt hatte, deutlich auf meinem Gesicht geschrieben stand.

»Wie geht es Razia?« fragte sie.

»Gut«, erwiderte ich. »Sie hat einige nette Schülerinnen und freut sich, daß ihre Schwester jetzt verheiratet ist.«

»Es ist wirklich schade, daß sie keinen Mann gefunden hat, aber ich vermute, daß ihre Familie ihr keine Mitgift geben kann.«

»Das ist wahr. Sie muß immer noch Unterricht geben, um ihren Vater zu unterstützen, da sein Geschäft sehr klein ist.«

Diese Art von Geplauder wäre für uns früher eine sehr angenehme Beschäftigung gewesen, die wir ohne weiteres für zwei Stunden oder mehr fortgesetzt hätten. Die neue Gulshan jedoch hatte Wichtigeres zu tun.

Ich entschuldigte mich, ging in mein Zimmer und schloß die Tür hinter mir. Dann legte ich mich auf mein Bett, um ein wenig zu ruhen, denn ich fühlte mich körperlich und seelisch erschöpft.

Am gleichen Abend fing ich an, heimlich in meinem Neuen Testament zu lesen. Welchen Eindruck es auf mich machte? Man frage einen, der Durst hat, was er vom Wasser hält, oder ein Baby, wie es über Muttermilch denkt. Ich, die ich bisher nur trockene Hülsen zu essen bekommen hatte, fand jetzt gutes Brot, um meinen Hunger zu stillen, während ich die Wahrheit über Sinn und Zweck des menschlichen Lebens auf den Blättern meiner Bibel las. Jesus hatte zu mir gesagt: »Ich bin der Weg, die Wahrheit und das Leben.« Seine Worte, die in den Evangelien niedergeschrieben waren, erleuchteten nun meinen Sinn. Den Koran hatte ich ohne Anleitung nie richtig verstanden. Dieses Buch aber war wie kein anderes. Es öffnete mir die geistlichen Augen. Die Geschichten wurden mir beim Lesen lebendig. Ich begegnete den zwölf Jüngern, die ich auch in meiner ersten wunderbaren Vision als Begleiter Jesu gesehen hatte. Außerdem fand ich das Gebet, das ich zu den Füßen von Jesus Immanuel gelernt hatte, Wort für Wort im Neuen Testament wieder. Ich entdeckte die Bedeutung jenes kostbaren Namens, den Er mir in der Vision mitgeteilt hatte:

»Ich bin Jesus. Ich bin Immanuel... Gott mit uns.«

Ich war mit der Vorstellung aufgewachsen, daß Gott weit weg und unerreichbar sei. Doch hier in diesem Buch fand ich die Erklärung für die göttliche Kraft und Sendung Jesu –, Er konnte Tote lebendig machen, weil Er der Herr des Lebens war. Er würde wiederkommen, weil Er ewig lebte. Er hatte Macht für alle Zeiten, weil Er Gott war und nicht nur ein Prophet.

»Ich bin der Weg, die Wahrheit und das Leben.« Für mich war dieser Satz eine echte Zusammenfassung des Wesens und der Person Jesu.

Beim Bibelstudium stieß ich auch auf Abschnitte, die von der Taufe handelten. In Markus 1, 9-11 las ich davon, daß Jesus getauft worden war. Und in Römer 6,4 fand ich die Worte: »... wie Christus aus den Toten auferwekt worden ist durch die Herrlichkeit des Vater so (sollen) auch wir in Neuheit des Lebens wandeln.«

Neuheit des Lebens! Genauso empfand ich es! Es kam mir vor, als sei ich in eine frische, sprudelnde Quelle hineingetaucht worden, deren Wasser jeden Bereich meines Wesens mit prikkelndem Leben erfüllt hatte. Die Taufe war nach meinem Verständnis das Zeichen und Siegel für diese Erfahrung.

Während ich noch darüber nachdachte, stieg plötzlich das Bild eines jungen, traurig dreinblickenden Mädchens vor meinem inneren Auge auf. Das Mädchen saß auf einem Schemel, während ihre beiden Dienerinnen Wasser aus der Zamzam-Quelle über sie gossen. Dieses sogenannte »Wasser des Lebens« hatte weder meine Sünden hinwegwaschen noch meinem toten Fleisch Leben bringen können. Jesus aber hatte mir geistliches Lebenswasser für meinen geplagten Körper wie auch für meine durstige Seele gegeben. Nun wollte ich mit Ihm in der Taufe begraben werden. Ich dachte immer wieder darüber nach, obwohl ich das, was ich vorhatte, noch gar nicht in seiner ganzen Tragweite erfassen und auch nicht wissen konnte, welche Veränderungen es in meinem Leben bewirken würde.

»Ich habe Zeugnis von Jesus abgelegt«, sagte ich zu mir selber. »Also habe ich getan, was Jesus mir befohlen hat. Nun kann ich mich doch gewiß taufen lassen und dann wieder hierher zurückkommen, um weiter in meinem Haus zu leben, oder nicht?« Die Frage hing in der Luft, und ich bekam keine Antwort. Doch dann stieg das Bild meines verstorbenen Vaters vor mir auf, und ich fühlte einen stechenden Schmerz, so als habe mir jemand ein Messer zwischen die Rippen gestoßen.

»Ach, Vater, vergib mir, aber ich muß Jesus nachfolgen, der mich geheilt hat!« In meinem Kummer sprach ich diese Worte laut aus. Doch augenblicklich fühlte ich, wie ein tiefer Friede über mich kam, und ich wußte, daß ich mich auf dem richtigen Weg befand. Nichts und niemand sollte mich mehr davon abhalten.

Bis zum 12. März hatte ich das gesamte Neue Testament durchgelesen. Dann las ich auch das Buch über die Märtyrer von Karthago. Es enthielt viele Geschichten von den ersten Christen, wie sie den Löwen vorgeworfen, bei lebendigem Leibe verbrannt oder auf andere unaussprechlich grausame Weise verfolgt worden waren und doch ihrem Herrn die Treue gehalten hatten. Ich verstand die Botschaft gut, die dieses Buch mir übermitteln sollte. Trotzdem ließ ich mich nicht von meinem einmal gefaßten Entschluß abbringen.

Am folgenden Tag fuhr ich wieder zu Razia und von dort aus weiter zum Haus des Majors der Heilsarmee wie das letzte Mal. Seine Frau traf ich diesmal ebenfalls an. Ich zeigte den beiden die Bibelstellen, die ich gefunden hatte.

»Hier«, sagte ich, »hier steht's, daß ich mich taufen lassen muß. Würden Sie mich bitte taufen?«

Er schüttelte den Kopf. »Meine Tochter«, erwiderte er, »in unserer Denomination taufen wir nicht.« Er sah mich mit einem sonderbaren Gesichtsausdruck an. »Wissen Sie, was geschehen kann, wenn Sie diesen Schritt tun? Vielleicht dürfen Sie dann nie mehr nach Hause kommen. Ihre Angehörigen könnten sogar versuchen, Sie umzubringen –, o ja, auch wenn sie sonst noch so lieb sind, kann sich doch das Blatt vollkommen wenden, sobald sie merken, daß einer aus ihrer Mitte dem moslemischen Glauben absagt.«

Es entstand eine minutenlange Stille. Ich versuchte mir vorzustellen, was er da angedeutet hatte. Von der eigenen Familie verstoßen, vielleicht sogar umgebracht… Ich erinnerte mich noch gut an den Familienrat… an die raubvogelähnlichen Gesichter, die alle in meine Richtung geblickt hatten… Dann dachte ich an die letzten

Worte meines Vaters an meine Brüder: »Sorgt für eure Schwester.« Gewiß würden sie sich, wenn es darauf ankam, an diese letzte heilige Anweisung gebunden fühlen. Aber selbst wenn das nicht der Fall sein sollte und sie tatsächlich versuchen würden, mir Schaden zuzufügen, mußte ich dennoch den eingeschlagenen Weg weiter verfolgen. Die Worte Jesu hatten bereits in meinem Leben Wurzel geschlagen, und ich spürte eine Frische, Vitalität und Entwicklung da, wo früher nur die Sterilität einer Religion, die auf Vergangenem basierte, vorgeherrscht hatte.

Als ich mit meinen Überlegungen an diesem Punkt angekommen war, sagte ich mit Bestimmtheit, um ja keinen Zweifel an meiner Entschlossenheit aufkommen zu lassen:

»Jesus Immanuel hat mir gesagt, ich solle Sein Zeuge sein, und die Taufe ist für mich der nächste Schritt. Ich muß Ihm gehorsam sein, um den inneren Frieden, den ich jetzt besitze, nicht zu verlieren. Es ist besser, mit Christus zu sterben, als ohne Ihn zu leben.«

Der Major und seine Frau wechselten einen vielsagenden Blick miteinander, und sie nickte ihm kurz zu. Daraufhin wandte er sich wieder an mich:

»So sei es denn. Wenn Jesus so klar zu Ihnen gesprochen hat, dann dürfen Sie sich Seinem Willen nicht widersetzen. Allerdings wäre es nicht ratsam, wenn jemand Sie mit mir nach Lahore fahren sähe. Sie können mit meiner Frau den Bus nehmen. Sie muß sowieso unsere Tochter in die Schule zurückbringen. Ich komme dann nach.«

»Es ist mir wirklich eine Freude, Sie zu begleiten, Gulshan«, sagte die Frau des Majors, wobei sie sich vorbeugte und meine Hände in die ihren nahm. Es war eine Geste, die sehr viel Mitmenschlichkeit verriet, und ich fühlte, daß ich in der Familie meines neu gefundenen Glaubens willkommen war.

Ohne große Gefühlsregung begann ich nun, Pläne zu schmieden. Es hätte genausogut jemand anders sein können, über dessen Leben ich hier entschied. Es ist oft gesagt worden, daß der Islam eine Religion ist, die in der Wüste geboren wurde und deren Anhänger in der harten, unwirtlichen Umgebung gelernt haben, Interessen zu verfolgen, die höher sind als ihre eigenen. Die persönlichen Empfindungen eines Menschen gelten niemals als ausreichender Grund, um von der vorgeschriebenen Linie abzuweichen. Jetzt, da ich begonnen hatte, Jesus nachzufolgen, war ich in der Lage, den von Kind auf geübten Gehorsam dort anzuwenden, wo menschliche Gefühle mich gewiß im Stich gelassen hätten.

Trotzdem konnte ich mich bei meinen Planungen nicht dazu überwinden, mir die Tür zu meiner Familie vollkommen zuzuschlagen. Um ehrlich zu sein, hoffte ich noch immer, die Taufe an mir vollziehen lassen und dann nach Hause zurückkehren zu können, um ungestört mein Leben fortzusetzen. Als unwissender, naiver Christ meinte ich, die Schritte, die ich vorhatte, seien alles, was Jesus von mir verlange –, andere Christen aufzusuchen, ihnen von meiner Heilung zu erzählen und mich dann taufen zu lassen.

Der Major indessen sah weiter als ich:

»Nehmen Sie kein Geld und auch keinen Schmuck mit. Es könnte sonst sein, daß die Christen nach Ihrer Taufe gerichtlich belangt werden.« Seine Stimme war ernst, und ich sah ihn forschend an, um die Bedeutung seiner Worte richtig zu erfassen. Er sprach so, als gehe es um einen klaren Bruch, als müsse ich alles verlassen. Alles? Geld, Schmuck, Haus, Ländereien, die Liebe und Fürsorge meiner Familie? Konnte Jesus das wirklich von mir verlangen? Hatte Er mir nur deswegen die Gesundheit geschenkt, um mir alles andere zu nehmen, was das Leben angenehm machte?

Wieder bei Razia angelangt, fragte ich sie: »Darf ich in zwei Tagen wieder zu dir kommen?«

»Selbstverständlich«, gab sie zur Antwort. »Ich bin daheim.«

Zu Hause angekommen, teilte ich Onkel und Tante mit, daß ich am übernächsten Tag zu Razia gehen wolle und wir vielleicht nach Lahore fahren würden:

»Ich stelle dir einen Scheck über 75.000 Rupien aus, damit du während meiner Abwesenheit alle Rechnungen begleichen kannst«, sagte ich zu Onkel.

»Wo werdet ihr in Lahore wohnen?« wollte Tante wissen, und ihre gerunzelte Stirn zeigte deutlich, daß ihr dieser Plan ganz und gar nicht behagte. Aber sie konnte nicht gut etwas dagegen sagen, denn ich war jetzt mein eigener Herr und unterzeichnete außerdem die Schecks!

»Ach, vielleicht bei meiner Schwester oder meinem Bruder«, erwiderte ich leichthin. »Ich teile es euch in einem Brief mit.«

Am nächsten Tag bat ich Tante, mit mir zu Vaters Grab zu gehen. Sie war sehr angetan von diesem Zeichen der Treue. Wir nahmen Blumen aus dem Garten mit, und ich legte sie mit Gefühlen nieder, die schwer zu beschreiben sind. Die Achtung vor dem Andenken des Toten mischte sich mit der Erkenntnis, daß die Ewigkeit nicht in einem Paradies voller materieller Bequemlichkeiten bestand, wie er mich gelehrt hatte, sondern aus der Gegenwart Jesu.

An meinem letzten Abend zu Hause ging ich in den Garten, wo ich während der vielen Jahre meiner Krankheit so oft gesessen hatte. Ich suchte den Platz auf, wo der Sarg meines Vaters gestanden hatte, und dachte nochmals lange und voller Traurigkeit an ihn zurück.

Die Sonne ging wie ein roter Feuerball unter, der die Wände des weißen Bungalows golden färbte. Ich ging zwischen den Blumen und den Obstbäumen hin und her und genoß den Duft, der von Rosen und Orangenblüten ausging. Ein leichter Abendwind ließ die Blätter der Orangen- und Mangobäume rascheln, während der Himmel über mir in allen möglichen Farbtönen glänzte, die von Purpur bis Mitternachtsblau reichten. Dann stieg der Mond auf, so groß wie eine Melone, und die Sterne lagen verstreut am Himmel wie kleine Diamanten in den Falten von nachtschwarzem Samt. In dem Bungalow hinter mir waren die Lichter angegangen und leuchteten warm und einladend in die Dunkelheit hinaus. Ich zögerte immer noch hineinzugehen. Es kam mir vor, als sähe ich mein Haus jetzt, da ich es verlassen sollte, zum ersten Mal. Nicht einmal die länger werdenden Schatten unter den Bäumen konnten mir Angst einflößen.

»Warum willst du das tun? Du kannst Jesus auch ohne diesen Schritt nachfolgen. Vielleicht verlierst du alles, was du bisher dein eigen nanntest.« Dieser Art waren die Gedanken, die aus dem Dunkel auf mich einströmten. Doch wie eine Antwort darauf, kam mir ein Vers in den Sinn, den ich in der Bibel gelesen hatte und der wie eine leise Stimme zu mir sprach: »Wer Vater oder Mutter mehr liebt als mich, ist meiner nicht würdig... wer nicht sein Kreuz aufnimmt und mir nachfolgt, ist meiner nicht würdig« (Matthäus 10, 37-38).

Ich betrachtete das Haus von neuem, und viele Erinnerungen stiegen in mir auf, nicht nur an glückliche Tage, sondern auch an Zeiten, in denen mir mein Heim wie ein Gefängnis vorgekommen war und ich als Gefangene darin nur hoffen konnte, daß ich auf dem rechten Weg zum Paradies war. Laut sprach ich meine Gedanken in die Nacht hinein: »Alles verändert sich. Doch ich werde die Erinnerung an diesen Ort stets in meinem Herzen tragen.« Dann verließ ich den Garten und ging ins Haus, um zu packen.

Am nächsten Morgen schrieb ich zwei Schecks aus. Den einen über 75.000 Rupien gab ich Onkel für die laufenden Haushaltungskosten, damit er nicht in Geldnot geriet und allzuschnell nach mir suchte. Den anderen über 40.000 Rupien wollte ich Razia geben, um sie zur Mitarbeit an meinem Plan zu bewegen. Damit würde ich mir die Tür einen Spaltbreit offen lassen, für den Fall, daß ich doch wieder nach Hause zurückkehren wollte.

Am 15. März verabschiedete ich mich von Onkel, der zur Arbeit fuhr, und umarmte noch einmal Tante sowie meine beiden Dienerinnen Salima und Sema, wobei ich mit den Tränen kämpfen mußte.

Tante fragte: »Warum gehst du einfach so? Nimm doch deinen Wagen und Fahrer mit nach Lahore. Wie willst du denn sonst dort beweglich sein? Und willst du wirklich ohne deine Mädchen gehen? Dein Onkel ist ganz und gar nicht damit einverstanden.«

»Bitte, mach dir keine Sorgen, Tante«, gab ich zurück, »ich schreibe euch bald einen Brief.« Damit mußte sie sich zufriedengeben.

Majeed kam mit dem Wagen vorgefahren, und ich stieg ein. Noch einen letzten Blick warf ich auf das weiße, friedlich aussehende Haus, als wir um die Kurve fuhren, dann war es meinen Blicken entschwunden. Das letzte, das *chowkedar* von mir sah, war meine Hand, die ihm hinter den Gardinen aus dem Rückfenster des fahrenden Mercedes zuwinkte.

Es fiel mir nicht schwer, Razia zu bewegen, sich meinen Wünschen zu fügen, nachdem ich ihr das Geld gegeben hatte. Allerdings sagte ich ihr nicht den wahren Grund für mein eigenartiges Verhalten... daß ich unbedingt Zeit gewinnen wollte, damit niemand die Taufe verhindern konnte.

»Dieses Geld ist für dich, weil du meine Lehrerin warst und immer so lieb zu mir gewesen bist. Ich fahre nach Lahore, um Freunde zu besuchen. Ich möchte endlich selbständig sein und nicht bei allem, was ich tue und lasse, mit Onkel und Tante Rücksprache nehmen müssen. Meiner Familie habe ich gesagt, du würdest mich begleiten, damit sie sich keine Sorgen machen.«

Auf Razias hübsches Gesicht trat ein zweifelnder Ausdruck. »Natürlich werde ich tun, was ich kann, um dir zu helfen«, meinte sie, »aber was ist, wenn deine Angehörigen sich nach dir erkundigen und mich zu Hause antreffen?«

Rasch versetzte ich: »Falls irgend jemand kommt und nach mir fragt, dann tu bitte so, als wärest du mit mir nach Lahore gefahren. Schick deine Mutter hinaus, um mit ihnen zu sprechen, und bleib du im Haus. Es tut mir leid, daß ich dir im Moment nicht mehr dazu sagen kann.«

Razia schien sehr erstaunt zu sein, aber sie sagte schnell: »Selbstverständlich, Gulshan, ganz wie du willst. Ich glaube, wir beide kennen uns lange genug, um zu wissen, daß wir uns gegenseitig vertrauen können.«

Ich überlegte, wie sie wohl reagieren würde, wenn sie meine wahre Absicht wüßte.

Wie die anderen Male, so nahm ich auch diesmal eine *tonga* von ihrem Haus zur Kachary-Straße. Der Major und seine Frau begrüßten mich herzlich und brachten mich noch am gleichen Tag nach Lahore in ein Haus, das von einem Pastor und seiner Gattin geleitet wurde. Rev. Aslam Khan und seine Frau nahmen Mohammedaner, die sich zu Christus bekehrt hatten, auf und kümmerten sich um sie.

Nun begann ein ganz neuer Abschnitt in meinem Leben, als neubekehrter Christ unter anderen Christen. Es war völlig anders, als ich es mir vorgestellt hatte.

Kapitel 9

Die Taufe

Rev. Aslam Khan war ein sehr netter Mann, der alle Schwierigkeiten, vor denen ich stand, zu kennen schien. Er wurde für mich sehr bald zum Aba-ji (Vater). Ama-ji, Frau Aslam Khan, war in ihrer Art auch sehr nett. Sie war eine willensstarke Person von hagerer Gestalt, immer fleißig mit ihrer Hausarbeit beschäftigt, und sie erwartete von mir, daß ich ebenfalls fleißig war.

Gleich nach meiner Ankunft zeigte sie mir ihr Gästezimmer mit dem einfachen, aus Bindfaden geflochtenen *charpai,* und ich dachte flüchtig an meinen *palung* daheim mit seinem breiten, gewebten Unterteil und der weichen, wattegepolsterten *gada* oder Matratze.

»Dieses ist dein Zimmer«, sagte sie. »Hier sind Schubladen für deine Wäsche. Das Badezimmer ist dort drüben. Ich habe furchtbar viel zu tun, weil wir so viele Gäste haben. Bitte, entschuldige mich jetzt. Ich muß dem Dienstmädchen ein paar Anweisungen geben. Wenn du irgend etwas brauchst, mußt du dich an sie wenden.« Damit huschte sie aus dem Zimmer.

Ich tat mein Bestes, um Frau Khan Freude zu machen, aber ich hatte mich noch nie in meinem Leben mit Hausarbeit befaßt. So war es nicht verwunderlich, daß ich mich dumm und ungeschickt anstellte. Trotzdem war ich nicht bereit, mich kritisieren zu lassen, wenn ich die kleinen, mir übertragenen Aufgaben schlecht ausgeführt hatte. Jedesmal, wenn meine Gastgeberin hinter mir her durchs Zimmer ging und mit ihrem Finger über die Gegenstände fuhr, die ich gerade eben abgestaubt hatte, war ich beschämt und ärgerlich zugleich. Ich unterdrückte jedoch meine Gefühle und fraß meinen Ärger in mich hinein, wo er anfing zu gären und damit die ersten Tage in diesem Haus zu verderben. Am liebsten hätte ich mich zu ihr umgedreht und gesagt:

»Du hast ja recht, Ama-ji. Ich habe es wirklich nicht gut gemacht, aber vielleicht solltest du bedenken, daß ich, bevor ich hierher gekommen bin, noch nie etwas im Haushalt zu tun brauchte. Ich habe weder jemals einen Teller abgewaschen, noch in einem Zimmer Staub gewischt, ein Bett gemacht, meine eigene Wäsche gewaschen, mir selber die Haare gebürstet oder mich auch nur selbst angezogen. Und das alles nicht nur, weil wir genug Dienstboten hatten, sondern auch, weil ich für so viele Jahre hilflos ans Bett gefesselt war.«

Doch ich sagte nichts dergleichen. Es hätte sich wahrscheinlich nur so angehört, als wollte ich mich herausreden oder, was für sie gewiß noch schlimmer gewesen wäre, als sei ich mir zu fein dafür. Vielleicht hätte ich auch zur Antwort bekommen, daß ich ja jetzt gesund sei und versuchen solle, diese Dinge zu lernen; vielleicht hätte sie sogar gesagt, ich sei wirklich ein ganz faules Mädchen. So wälzte ich mich ein paar Nächte lang schlaflos im Bett herum und konnte es nicht verhindern, daß mir eine spöttische Stimme aus dem Dunkel des Zimmers zuraunte:

»Es ist noch nicht zu spät, Gulshan. Deine Geschwister weinen um dich. Geh doch einfach wieder nach Hause!«

Ich sah Onkels und Tantes Gesicht vor mir, die mich traurig anblickten. Unfähig, Ruhe zu finden, stand ich von meinem Lager auf und lief im Zimmer hin und her, bis mir der Kampf, mit dem ich die flüsternde Stimme zum Schweigen bringen wollte, zu schwer wurde und ich verzweifelt zu Jesus schrie:

»Ich habe doch mein Leben dir übergeben und spüre genau, daß ich auf dem richtigen Weg bin, den du mir gezeigt hast. Warum stehen denn jetzt diese Gesichter vor mir, um mich zu verspotten?«

Auf einmal vernahm ich eine leise, sanfte Stimme, die zu mir sagte: »Keine Angst, ich bin immer bei dir. Sie können dir nichts anhaben.« Die Worte Jesu drangen mir ins Herz, verscheuchten das höhnische Geflüster und schenkten mir Frieden.

Nach etwa einer Woche wurde es langsam besser. Ich war mehr in Bewegung als daheim und schlief deshalb auch besser. Auf alle Fälle war der *charpai* nicht mehr so hart. Dann las ich etwas, was meine Einstellung gegenüber häuslicher Arbeit in jeder Form total veränderte:

»Da stand Jesus auf, legte seine Oberkleider ab, nahm ein leinenes Tuch und band es sich um. Dann goß er Wasser in das Becken und fing an, den Jüngern die Füße zu waschen und sie mit dem leinenen Tuch, mit dem er umgürtet war, abzutrocknen« (Johannes 13,4,5, Bruns).

Das war etwas ganz Neues für mich. Vor meinem inneren Auge erblickte ich Jesus, ein Vorbild an Demut und Dienstbereitschaft. Ich konnte das Bild nicht mehr loswerden, und es packte meinen Stolz bei der Wurzel. Wenn ich in Zukunft irgendwelche häuslichen Pflichten erledigte, die mir aufgetragen worden waren, sah ich im Geist immer das vollkommene Vorbild Jesu vor mir, der für mich zum Diener geworden war; dann fiel es mir auch nicht mehr schwer, anderen um Seinetwillen zu dienen.

Fünf Wochen brachte ich in jenem Haus zu, ehe ich getauft wurde. Als ich Rev. Aslam Khan einmal nach dem Grund der Verzögerung fragte, meinte er nur: »Ach, es gibt eben eine ganze Menge vorzubereiten.« Später erkannte ich, daß er mich eine Zeitlang hatte beobachten wollen, um sicherzugehen, daß es mir mit der Taufe wirklich ernst war. Es wäre schlimm gewesen, wenn ich diesen Schritt unternommen hätte und nachher wieder rückfällig geworden wäre.

Langsam wurde ich jedoch unruhig und machte mir ernstlich Sorgen, entdeckt zu werden. Ich fragte mich, ob meine Angehörigen wohl schon bei Razia gewesen waren und sich nach mir erkundigt hatten, darum schrieb ich ihr:

»Ich habe hier immer noch einiges zu erledigen, bevor ich wiederkomme. Bitte, sage meiner Familie nicht, wo ich bin. Ich werde dir bald alles erklären.«

Später erfuhr ich, daß Razia und ihre Mutter ihr Versprechen gehalten und es tatsächlich fertiggebracht hatten, mein Geheimnis für sich zu behalten, obwohl sie dadurch selber in große Schwierigkeiten hineingekommen waren. Sehr froh bin ich darüber, daß Razia inzwischen einen lieben Mann gefunden hat. Sie ist wirklich eine treue, aufrichtige Freundin, die auch dann zu mir gehalten hat, als es schwierig wurde, obwohl sie meine Verhaltensweise gewiß selber nicht verstand.

Während der ganzen Zeit, die ich bei Mr. und Mrs. Khan zubrachte, besuchte ich die Gottesdienste in der Methodistenkirche in der Warris Road. Hier unter anderen Christen erlebte ich eine Freiheit im Gottesdienst, die mir ganz neu war. Vieles war total anders, als ich es vom Islam her gewöhnt war.

Das erste, was mir auffiel, als ich die Kirche betrat, war der Schmuck. In den Moscheen ist der Zierat rein abstrakter Natur: Worte aus dem Koran, Muster und Fliesen, Säulen, Kuppeln, Teppiche. Licht und Schatten werden ebenfalls effektiv eingesetzt. Nirgends findet man die Darstellung eines Menschen, geschweige denn ein Bild von Gott, denn wie könnte das Geschöpf seinen Schöpfer darstellen? Doch hier in der Kirche hatten die Fenster buntes Glas, und in einem davon war ein Bild von Jesus, wie Er betete. Auf einem Tisch standen Blumen, und auch die Musik fehlte nicht. Über dem Eingang befanden sich keine arabischen Schriftzeichen, sondern die Worte: »Siehe, ich stehe vor der Tür und klopfe an.« Darüber mußte ich lange nachdenken. In Pakistan wird sehr viel und oft auch sehr laut an Türen und Toren angeklopft, aber das Klopfen Jesu an meiner Herzenstür war überaus leise und sanft.

Das zweite, was mir auffiel, war die schöne Eintracht, mit der die Familien beieinandersaßen – Männer, Frauen und Kinder. Alleinstehende wurden mit in diese Familiengruppen hineingenommen. Zu Hause waren gewöhnlich nur die Männer in die Moschee gegangen, während die Frauen ihre Gebete daheim sprachen. Viele von ihnen empfingen nur sehr wenig Unterweisung, aber der Koran sagt ja auch, daß die Frauen weniger wert sind als die Männer, wenn er auch nachdrücklich darauf hinweist, daß sie gerecht und gleich behandelt werden sollen. Auf jeden Fall vertreten die Männer ihre Frauen in der Moschee. Wie ganz anders geht es bei den Christen zu, wo Gott um Jesu willen an jeder einzelnen Seele interessiert ist, für die der Heiland starb.

Die Bibel sagt, daß es in Christus keinen Unterschied in bezug auf Rasse (Jude oder Grieche), Stand (Sklave oder Freier) und Geschlecht (Mann oder Frau) gibt. Zum erstenmal wurde ich als gleichwertiges religiöses Wesen behandelt. Gott nahm meine Anbetung genauso an wie die meiner Brüder in Christus, und diese wunderbare Gemeinschaft der Gläubigen fand ihren Ausdruck darin, daß man als Leib Christi zusammenkam.

In den Gebeten, die für die Kranken, die Alten und die in Not Befindlichen dargebracht wurden, spürte ich die unsichtbaren Bande, die die ganze Gemeinde in einer für mich total neuen »christlichen Gemeinschaft« zusammenhielten. Das gleiche spürte ich in der Art, wie ich in ihrer Mitte willkommen geheißen wurde. Nach und nach kam es mir so vor, als nehme die Gemeinde den Platz meiner Familie ein, die ich zurückgelassen hatte. Hier besaß ich Brüder und Schwestern im Überfluß.

Ich bemerkte, daß der Pastor in ganz einfachen Worten predigte, daß es bei seiner Predigt aber um tiefe Wahrheiten ging, die er aus einem Buch schöpfte, das ich verstand.

Durch die Verkündigung hörte ich den Herrn Jesus zu mir reden, nicht ganz so direkt, wie Er es in meinem Zimmer getan hatte, aber doch in einer Art und Weise, daß ich die Bibel praktisch auf mein Leben anwenden konnte.

Dabei fiel mir allerdings auch auf, daß er so sprach, als müsse er sich Mühe geben, einige seiner Zuhörer zu überzeugen. Ich fing an zu begreifen, daß manche Leute, die sich »Christen« nannten, nicht ganz so entschieden waren wie ich. Ich hatte von Geburt an in einer streng orthodoxen Umgebung gelebt und wahrscheinlich gar nicht gemerkt, daß es bei den Moslems ähnlich zuging.

Mein Gastgeber hatte mich davor gewarnt, zu viel aus meinem Leben zu erzählen. Doch wenn ich hier und da ein wenig von meiner Heilung und der anschließenden Bekehrung schilderte, waren die Gemeindeglieder gewöhnlich aufs höchste erstaunt.

»Willst du damit etwa sagen, daß Jesus dir persönlich in deinem Zimmer erschienen ist und dich gesund gemacht hat?« wollten sie wissen.

Ich konnte es nicht verstehen, daß mein Erlebnis etwas so Seltenes sein sollte. Konnte Jesus denn nicht im Leben eines jeden Christen so wirken, wie Er es bei mir getan hatte?

»Es kommt auf deinen Glauben an«, meinte Aba-ji, als ich ihn danach fragte. Das war eine befreiende Auskunft, in der ich ein wichtiges Lebensprinzip entdeckte: Der Glaube war für jeden Christen der Schlüssel, mit dem er fortgesetzt wunderbare Erfahrungen mit

Christus machen konnte. Dieses Prinzip mußte ich festhalten, wenn ich in meinem neuen Leben weiterhin Wunder erleben wollte. Rückblickend erkannte ich, wie mein Glaube, von mir selbst beinahe unbemerkt, seit der enttäuschten Heilungserwartung in Mekka allmählich gewachsen war. Er war nichts weiter als ein Geschenk, dieser Glaube, der Berge versetzen konnte. Aus meiner Hilflosigkeit und der großen Not meines Lebens heraus war er geboren worden und immer mehr gewachsen. Mein Schreien war an das Ohr eines liebenden Gottes gedrungen, den ich nicht kannte, der mich aber sehr wohl kannte und in Seiner großen Barmherzigkeit in mein Leben eingegriffen hatte. In den stillen Nachtstunden, in denen ich wach lag und alle diese Dinge überdachte, kam ich zu dem Entschluß, meinen Glauben unter allen Umständen stark und fest zu erhalten, ganz gleich, welche Hindernisse in Zukunft meiner warten mochten.

Endlich war der Tag meiner Taufe gekommen, der 23. April. Sie fand in einem Raum des Hauses statt, in den für derartige Anlässe ein Wasserbecken eingebaut worden war. Der Major und seine Frau sowie einige ihrer und meiner Freunde nahmen an der Feierlichkeit teil. Der Pastor der Gemeinde in der Warris Road nahm die Taufhandlung vor, die einfach und doch vollkommen war. Als er mich im Wasser untertauchte, hatte ich das Gefühl, die alte Gulshan mit ihren alten Ansichten, Plänen und Erwartungen müsse auf dem Grund des Beckens liegenbleiben und eine neue Gulshan aus dem Wasser auftauchen. »Mit ihm begraben in der Taufe und zur Neuheit des Lebens auferweckt.«

Dieses neue Leben strömte durch mich hindurch, und ich hatte das sehnliche Verlangen, Zeugnis davon abzulegen. Die Ältesten, die bei meiner Taufe dabei waren, gaben mir einen neuen Namen: Gulshan Esther. Später las ich in der Bibel, daß Esther vor dem König Zeugnis von Gottes Volk, den Juden, abgelegt und sich damit in große Gefahr begeben hatte. Diese Geschichte erschien mir sehr passend, auf meine eigene Person angewandt.

Nach der Taufe kamen die Frauen zu mir und küßten mich auf die Stirn, und die Männer schüttelten mir die Hand und hießen mich in der Gemeinde Christi willkommen. Ihre aufrichtige, brüderliche Liebe tat mir wohl. Als sie gegangen waren, fragte Mr. Aslan Khan mich, wie ich mich fühle.

»Prima«, erwiderte ich. »Aber jetzt möchte ich gerne Zeugnis ablegen von dem, was geschehen ist.«

Er schüttelte den Kopf. »Du kannst durch dein Tun Zeugnis ablegen. Es ist nicht nötig, daß du dazu deinen Mund gebrauchst.«

Doch ich erinnerte mich an die Worte, die Jesus zu mir gesprochen hatte: »Du bist mein Zeuge. Geh zu meinem Volk.«

Ich sah Mr. Khan offen, aber entschlossen an, nicht bereit, mich entmutigen zu lassen.

»Ich bin sicher, Jesus möchte, daß ich Zeugnis von Ihm ablege. Darf ich in der Gemeinde sprechen?«

»Ich glaube nicht, daß du schon so weit bist. Du kannst vorerst im Haus ein Zeugnis sein. Gott wird das bestimmt annehmen.«

Aber er kannte Gulshan Esther noch nicht. »Nun gut«, erwiderte ich, »wenn ich hier nicht von Jesus zeugen kann, muß ich eben nach Hause gehen und meiner Familie von Ihm erzählen. Das liegt mir sowieso am Herzen.«

Jetzt war er ernsthaft besorgt. »Nein, das ist zu gefährlich. Wenn deine Angehörigen von deiner Taufe erfahren, werden sie bestimmt wütend sein und dir vielleicht sogar etwas antun.«

»Ich glaube nicht, daß meine Familie mir irgendeinen Schaden zufügen würde, aber ich werde nicht heimgehen, ehe es an der Zeit ist. Kannst du mich nicht statt dessen zur Bibelschule schicken, damit ich mehr aus Gottes Wort lerne, um es an sie weiterzugeben?«

Er sah mich ruhig an, und ich überlegte, was er wohl denken mochte. Eine gewisse Verlegenheit wollte sich meiner bemächtigen, weil ich so dreist war und unbedingt meinen Kopf durchsetzen wollte. Ich war jung und brannte darauf, die Arbeit zu beginnen, die Gott mir nach meiner Überzeugung aufgetragen hatte, aber ich merkte gar nicht, wie unerfahren und unreif ich noch war, hatte ich doch gerade die ersten Schritte meines neuen Lebens hinter mir.

»Ich glaube nicht, daß das jetzt schon möglich ist.« Rev. Aslam Khan sprach ruhig, aber bestimmt. »Du bist noch zu jung im Glauben, aber wenn du durchaus etwas für Christus tun willst, kann ich dich vielleicht in der ›Sunrise School for the Blind‹ (einer christlichen Blindenschule) unterbringen.«

Er erzählte mir einiges über die Schule, in der blinde Kinder betreut und unterrichtet wurden, die keine normale Schule besuchen konnten. Er meinte, mir dort eine Stelle als Hausmutter besorgen zu können. Ich war von dem Gedanken begeistert und sagte spontan zu.

Den Direktor der Schule hatte ich bereits früher kennengelernt, und es wurde abgemacht, daß er mich am nächsten Tag mit seinem Lieferwagen abholen solle. Als wir dann über die alte Ravi-Brücke fuhren, die den schmutzigen Fluß überspannte, und in den viereckigen Hof der Schule einbogen, hatte ich das Gefühl, daß ich mich endgültig von der Vergangenheit gelöst hatte. Von jetzt an war ich ein neuer Mensch mit einem neuen Namen und einer neuen Bestimmung.

Meine Zeit als Hausmutter in der »Sunrise School for the Blind« in Lahore wurde von einem weiteren Stadium des Wachstums gekennzeichnet. Einst selber auf die Hilfe anderer Menschen angewiesen, war ich jetzt verantwortlich für eine Schar kleiner blinder Kinder und mußte mich um deren physische Bedürfnisse kümmern. Ich mußte es lernen, in einer für mich völlig fremden Umwelt klarzukommen und auf eigenen Füßen zu stehen. Es war nicht gerade einfach.

Nicht einfach, nein, aber es ging doch besser als erwartet. Das solide, aus roten Ziegelsteinen errichtete Gebäude hatte viele Veränderungen miterlebt, seit der indische Gönner Sir Ganga Ram es einst als Hospital bzw. Leprosorium erbauen ließ. Seine Asche lag nebenan auf einem in wahrlich traurigem Zustand befindlichen *samedhi.* Miss Fyson hatte die Einrichtung im Jahre 1958 übernommen und zu einer christlichen Blindenschule umfunktioniert und war im Jahre 1969 in den wohlverdienten Ruhestand getreten. Ich gedachte ihrer mit dankbarem Herzen. Für mich verkörperte das Haus jene vollkommen abgeschirmte Umgebung, die ich brauchte, um mich in der Welt »außerhalb des Schleiers« zurechtzufinden. Als Zeichen der Trennung von meinem früheren Leben ließ ich mir die Haare kurz schneiden und beauftragte den Schneider, mir zwei weiße Mäntel zu machen, die ich über meinem *shalwar kameeze* trug, wenn ich ausging.

Zu meiner Freude stellte ich bald fest, wie lohnend meine neue

Tätigkeit war –, nicht in bezug auf Geld, denn mein Gehalt betrug nur etwa vierzig Rupien im Monat, sondern wegen der unkritischen Liebe und Anhänglichkeit meiner kleinen Schützlinge. Die Kinder in der Schule waren in einem Alter von fünf bis sechzehn Jahren. Die Hälfte von ihnen waren Moslems, die andere Hälfte Christen, und die beiden Gruppen lernten und spielten sehr gut miteinander. Nur beim Religionsunterricht und bei den Andachten waren sie getrennt. Zu meinem Aufgabenbereich gehörten vierzig Kinder. Ich mußte für die kleineren Jungen sorgen, die Mahlzeiten gemeinsam mit ihnen einnehmen, beim Spiel draußen auf sie aufpassen und mit ihnen im Schlafsaal schlafen. Ich hatte mich um ihre Kleidung zu kümmern und diese teilweise zu waschen, ich half ihnen, sich selber zu waschen und ihre Betten zu machen, und ich beaufsichtigte sie bei einer Arbeit, die sie gewöhnlich nicht besonders gut erledigten – beim Abwaschen der Teller nach den Mahlzeiten. Außerdem mußte ich die Fenster putzen und die Tische scheuern.

Ich gab den Kindern auch biblischen Unterricht und hatte alle vierzehn Tage die Aufsicht beim Kirchgang.

Außer mir gab es noch zwei weitere Hausmütter, Kusinen, die Christinnen waren. Zuerst behandelten sie mich recht unfreundlich und unterhielten sich nur miteinander, aber nie mit mir, obwohl wir eng zusammenarbeiteten. Auch sonst zeigten sie mir auf verschiedene unangenehme Weise ihre Abneigung. Nach einigen Tagen jedoch wurden sie freundlicher und fingen an, mir bei der Arbeit, die mir Schwierigkeiten bereitete, zu helfen. Auch fungierten sie als Übersetzer zwischen mir und dem Direktor, der nur Englisch, aber kein Urdu sprach.

Wenn sie jetzt ins Büro gingen, um Zahnpasta oder Seife zu holen, brachten sie gleich für mich welche mit. Sie halfen mir, wenn ich Probleme mit meinen Händen hatte. Die Arbeit war schwerer, als ich sie gewohnt war, und meine Hände waren zu zart dafür. In der ersten Woche meines Dortseins wurden sie furchtbar rissig durch die Seife, die wir zum Wäschewaschen verwendeten. Dann verbrühte ich mir eine Hand, als ich in der Küche beschäftigt war. Und schließlich bekam ich beim Scheuern der Tische ein paar Splitter in die Hände, so daß sie zu bluten anfingen. Dieses alles verursachte mir ziemlich schmerzhafte Beschwerden. Rosina, eine der beiden Kusinen, ging mit zum Direktor, um für mich zu übersetzen.

Er war sehr verständnisvoll, doch als er Rosina dann eine Salbe für meine Brandwunden gab, sagte er zu mir:

»Ich sehe wirklich keine Möglichkeit, Sie von dieser Arbeit zu befreien. So leid es mir tut, falls sie Ihnen zu schwer ist, müssen Sie vielleicht doch besser gehen. Versuchen Sie einmal, ob die anderen Ihnen behilflich sein können.«

»Keine Sorge, wir helfen dir«, sagte Rosina tröstend, als wir das Büro verlassen hatten, und ich lächelte sie dankbar an.

In meinem Zimmer angekommen, ging ich mit meinem Kummer zu meiner nie versagenden Trostquelle. Sehr bald wurde mir bewußt, daß meine Hand ja nur eine Brandwunde hatte – vielleicht sogar durch meine eigene Unachtsamkeit verursacht –, während die Hände Jesu um meinetwillen an ein Kreuz genagelt worden waren. Die Schmerzen, die ich ertrug, waren wirklich nichts, verglichen mit den Leiden, die Er erduldet hatte.

Im Verborgenen warteten jedoch noch andere, weit schwierigere Probleme darauf, daß ich mich mit ihnen auseinandersetzte.

Kurz nach meiner Ankunft in der Blindenschule rief ich meinen jüngeren Bruder Alim Schah an.

»Ich dachte, du solltest wissen, daß ich allen Ernstes Christ geworden bin«, sagte ich zu ihm. »Ich arbeite jetzt in einer Schule für blinde Kinder in Lahore.«

Am anderen Ende der Leitung hielt jemand hörbar die Luft an. »Was hast du da getan!« schalt Alim Schah. »Komm wieder nach Hause und vergiß das Ganze!«

»Wie könnte ich, nachdem ich den Weg, die Wahrheit und das Leben gefunden habe?« fragte ich.

»Bist du denn ganz und gar verrückt geworden?« fuhr er mich an. »Wenn du weiter solche Dinge erzählst, ist meine Tür für dich ein für allemal geschlossen. Was mich angeht, bist du gestorben.«

»So sag mir doch, wie kann ich die Wahrheit verleugnen und wieder zu euch zurückkommen? Das geht nicht, um keinen Preis!«

Der Ton seiner Stimme war hart und unnachgiebig, als er gleichmütig erwiderte: »Ich verstehe. Unter diesen Umständen ist meine

Tür für dich geschlossen. Du bist tot! Ich will dich nie mehr sehen, und du wirst mich auch nie mehr sehen.«

Darüber mußte ich lächeln. »Nun gut. Wenn deine Tür auch verschlossen ist, so ist die Tür meines himmlischen Vaters weit offen für mich. Wenn ich für dich tot bin, dann deshalb, weil ich mit Jesus Christus gestorben bin. Nur wenn du ebenfalls mit Jesus stirbst, kannst du auch wirklich leben –, und dann sehen wir uns wieder.«

Als Antwort knallte er den Hörer auf die Gabel.

Am gleichen Tag schrieb ich Onkel einen Brief, in dem ich ihm mitteilte, daß ich Christ geworden war und mich hatte taufen lassen. Im gleichen Sinne schrieb ich auch an Safdar Schah. Nervös und ängstlich wartete ich dann auf ihre Reaktion. Ich hoffte inbrünstig, daß sie mich verstehen und meine Entscheidung akzeptieren würde, damit ich wieder nach Hause zurückkehren und so, wie ich jetzt war, mit meiner Familie zusammenleben konnte. Doch im tiefsten Grunde meines Herzens wußte ich, daß das eigentlich gar nicht möglich war. Falls ich wirklich nach Hause zurückging, würde man mir niemals die Freiheit lassen, Gott so zu verehren, wie ich das für richtig hielt.

Während dieser Zeit des Wartens vertraute ich mich niemandem in der Schule an. Damit befolgte ich den Rat, den Rev. Aslam Khan mir gegeben hatte. Ich befand mich in einer gefährlichen Lage, denn der Widerstand von seiten meiner Familie wurde immer stärker, und der treue Gottesmann befürchtete wirklich Schlimmes für mein Leben und das anderer Christen, die mit mir Verbindung hatten. Wenn die Kinder mir also Fragen bezüglich meiner Person stellten, vermied ich es, ihnen eine direkte Antwort zu geben. Dagegen erzählte ich ihnen sonst allerlei, was sie interessierte. Mit Vorliebe hörten sie zu, wenn ich Geschichten aus der Bibel vorlas oder erzählte.

»Ach *Baji«,* ging abends das Gebettel los, wenn sie sich zum Schlafengehen fertig gemacht hatten, »bitte, erzähl uns doch eine Geschichte!«

»Also gut, noch eine einzige, und dann wird das Licht ausgemacht«, gab ich nach. Dann las ich eine Geschichte vor, die Jesus den Leuten damals erzählt hatte. Da ging es z.B. um die 99 Schafe, die sicher in ihrer Hürde lagen, während eines ganz allein und verloren auf den Bergen umherirrte. Oder ich erzählte ihnen von dem jüngeren Sohn, der vorzeitig das ganze Geld bekam, das sein Vater ihm eigentlich vererben wollte, damit wegging und alles vergeudete, so daß niemand ihn mehr zum Freund haben wollte und kein Vater ihm die Mitgift seiner Tochter anvertraut hätte. Auch die Geschichten, die im Koran vorkommen, gab ich weiter –, von Abraham, Isaak, Ismael, Sara und Hagar. Die Mohammedaner glaubten, daß Abraham (den Sie Ibrahim nennen) alle Vorbereitungen traf, Ismael zu opfern. Nach dem Bericht der Bibel war es Isaak, sein rechtmäßiger Sohn, den er opfern sollte.

Es gab eine Regel in der Schule, wonach es verboten war, den Geschichten, die man den Moslemkindern erzählte, eine christliche »Färbung« zu geben. Ich hielt mich strikt an diese Regel, erzählte den Kindern deshalb beide Versionen und fragte sie dann: »Welche von beiden ist wahr?«

Natürlich meinte jede Gruppe, ihre Version sei die richtige, aber auf diese Weise erfuhren sie wenigstens, daß es überhaupt zwei verschiedene Darstellungen gab.

Wir sangen auch oft zusammen. Ich brachte ihnen Lieder und Chorusse bei, die alle Kinder gernhatten. Eines ihrer Lieblingslieder, das mit großer Begeisterung geschmettert wurde, lautete:

»Singe es mir noch einmal vor,
wunderbar Lebenswort!
Das mir öffnet des Himmels Tor,
wunderbar Lebenswort!«

Ungefähr gegen 21 Uhr war unser Tagwerk vollbracht, und ich hatte endlich Zeit, selber die Bibel zu lesen und darin zu forschen. Jedesmal, wenn ich ein Kapitel aufschlug, passierte dasselbe: Es war, als hätte ich einen Übersetzer neben mir, der mir half, das Gelesene zu verstehen. Wenn ich mich einmal fragte: »Was heißt das wohl?« konnte ich sicher sein, daß ich die betreffende Stelle innerhalb weniger Tage verstanden hatte. Meine geistliche Erkenntnis wurde zusehends größer.

Was ich in bezug auf biblische Wahrheiten lernte, fand sein Gegenstück in den Dingen, die mir die blinden Kinder beibrachten. Sie stellten sich allen Behinderungen, die die Blindheit mit sich brachte, mit Geduld und Fröhlichkeit. Ich bewunderte sie deswegen, und während ich sie beobachtete, lernte ich selber sehr viel. Vielleicht konnte ich mich auch deshalb so gut in ihre Lage hineinversetzen, weil ich, wenn ich ihnen beim Spielen zuschaute, stets daran erinnert wurde, daß ich selber einst blind für die Liebe Gottes gewesen war. Jetzt aber konnte ich sehen.

Dann ging meine Familie zum Gegenangriff über. Ich bekam einen Brief von Safdar Schah. Darauf hatte ich bereits gewartet und mich davor gefürchtet.

Der Brief fing ganz höflich an, wie ich es von meinem Bruder gewohnt war. Er schrieb, er habe nie und nimmer damit gerechnet, eine solche Nachricht von mir zu erhalten. »Du bist meine liebe Schwester«, hieß es in dem Brief. »Du hast Gott früher sehr liebgehabt, und mein Vater hat Dich sehr liebgehabt; Du hast viel von ihm gelernt in bezug auf den Islam. Das brauche ich Dir eigentlich gar nicht zu sagen –, Du weißt es ja selber. Du solltest auch wissen, daß die Tochter eines Sayed nicht den Weg gehen kann, den Du eingeschlagen hast. Du mußt wieder umkehren.

Mein Bruder hat mir mitgeteilt, daß Du Christ geworden bist und an Jesus als den Sohn Gottes glaubst. Das ist nicht richtig für jemanden aus unserer Familie und Religionszugehörigkeit. Ich schlage vor, daß Du, sobald Du diesen Brief gelesen hast, zu mir kommst und anhörst, was ich Dir zu sagen habe. Wie Du weißt, liegen die Urkunden für den gesamten Besitz, der auf Deinen Namen übertragen worden ist, bei mir. Unmöglich kann eine Christin, die die Tochter eines Sayed gewesen ist, diese Besitztümer erhalten.«

Er fuhr fort, ganz Pakistan wisse, daß ich Christ geworden sei und deshalb keinen Anspruch auf den Nachlaß meines Vaters habe. Zum Schluß hieß es:

»Wenn Du Dich nicht freiwillig vom Christentum lossagst, werde ich nichts unversucht lassen, um Dich zur Rückkehr zu zwingen. Meine Religion gestattet es mir, eine Schwester, die Christ geworden ist, zu töten – und trotzdem Eingang ins Paradies zu finden.«

Dieser Brief brachte mich total aus der Fassung. Mein Vater

hatte mir in seiner Liebe einen Großteil seines Vermögens hinterlassen, und jetzt versuchte man, mich darum zu bringen, nur weil ich Christ geworden war. Ich dachte an meinen weißen Bungalow und hätte am liebsten geweint. Es schien alles so ungerecht.

Doch als ich die Situation im Gebet vor Gott ausbreitete, stieß ich auf Johannes 14, 1-4: »Euer Herz werde nicht bestürzt. Ihr glaubt an Gott, glaubt auch an mich. Ich gehe hin, euch eine Stätte zu bereiten. Im Hause meines Vaters sind viele Wohnungen. Wenn es nicht so wäre, würde ich es euch gesagt haben.«

Aus diesen Worten schöpfte ich Trost. Mir war ein Heim droben im Himmel verheißen.

Ich zerriß den Brief und warf ihn in den Papierkorb. Dann ging ich zum Gottesdienst und sang mit Inbrunst das Lied mit: »Welch ein Freund ist unser Jesus.«

Drei Tage später kam die dritte Attacke – ein Brief von meinem Onkel daheim. Er war zehn Seiten lang, auf dickem, weißem Papier geschrieben, und steckte in einem blauen Umschlag.

Darin stand, daß mich alle sehr vermißten, besonders auch Salima und Sema (»Für wen sollen sie jetzt arbeiten?«). Das versetzte mir einen heftigen Stich.

In seinem Schreiben bat Onkel mich mit liebevollen Worten, wieder nach Hause zu kommen, und am Schluß schrieb er:

»Bist Du denn ein Atheist geworden? Wir beten darum, daß Du zum Islam zurückfindest und wieder heimkommst.«

Die Sonne schien auf die Kinder, die auf der Wiese des Schulgeländes spielten, aber da, wo ich mit meinem Brief in der Hand stand, schien ein grauer Schatten der Furcht und des Zweifels mit kalter Hand nach mir greifen zu wollen.

Ich faltete den Brief zusammen und betete dabei etwa folgendes: »O Herr Jesus, ich habe ihnen doch nichts zuleide getan. Warum tun sie mir das an? Von allen Seiten werde ich angegriffen. Sage du mir bitte, welche Antwort ich ihnen geben soll.«

Als ich das nächste Mal über die Angelegenheit nachdachte, eröffnete sich mir ein völlig neuer Aspekt. Wenn man mir mein Eigentum nicht geben wollte, dann war ich wenigstens von der Last befreit, die damit verbunden war. Ich konnte ungehindert in der Blindenschule arbeiten, zur Kirche gehen und Gott dienen.

»Ist das nicht besser als das nutzlose Leben, das ich früher geführt habe, als hilfloser Krüppel ans Bett gefesselt?« sagte ich zu mir selber.

Einen ganzen Tag verbrachte ich damit, über meine Antwort nachzudenken und dafür zu beten. Als ich mich dann endlich hinsetzte, um zu schreiben, benutzte ich dazu ein einfaches Blatt Papier, das ich aus einem Heft herausgerissen hatte:

»Lieber Onkel,

ich habe Deinen Brief erhalten und Kenntnis davon genommen. Mit größter Hochachtung möchte ich Dich auf folgende fünf Dinge hinweisen:

1. Ich habe den Weg gefunden, der geradewegs zu Gott führt. Jesus hat gesagt: ›Ich bin die Tür; wenn jemand durch mich eingeht, so wird er errettet werden und wird ein- und ausgehen und Weide finden‹ (Johannes 10,9). Wenn Du ein Haus betreten willst, kannst Du nur durch die Tür dort hineinkommen. Auch zu Gott hin gibt es eine Tür, und diese Tür ist Jesus. Alle, die den Weg Christi nicht akzeptieren, können nicht bei Gott anklopfen. Die Propheten sind lediglich *chowkedars*.

2. Ich habe die Wahrheit gefunden. ›Weil ich euch die Wahrheit sage, glaubt ihr mir nicht. Wer von euch überführt mich einer Sünde‹? (Johannes 8,45,46)

3. Ich habe das Leben gefunden. Jesus hat gesagt: ›Ich bin die Auferstehung und das Leben; wer an mich glaubt, wird leben, auch wenn er gestorben ist‹ (Johannes 11,25).

4. Ich habe Vergebung meiner Sünden gefunden.

5. Ich habe ewiges Leben gefunden. ›Denn so sehr hat Gott die Welt geliebt, daß er seinen eingeborenen Sohn gab, damit jeder, der an ihn glaubt, nicht verloren gehe, sondern ewiges Leben habe‹ (Johannes 3,16).

Du hast mich als Atheisten bezeichnet, das mußt Du mir anhand der fünf Dinge, die ich gefunden habe, beweisen. Entweder Du kannst es beweisen, oder Du solltest Dich hüten, mich je wieder einen Atheisten zu nennen.«

Über mein Eigentum schrieb ich kein Wort, erwähnte auch sonst gar nichts in dem Brief. Bis heute habe ich noch keine Antwort darauf erhalten.

Etliche Monate lang hatte ich nun Ruhe. Wie ich später erfuhr, packten Onkel und Tante einige Wochen, nachdem sie mein Antwortschreiben bekommen hatten, ihre Sachen, gaben an, sie wollten nach Karachi fliegen, und verließen fluchtartig das Haus. Manche meinen, sie seien in den Iran geflohen, weil sie Schiiten waren. Sie fürchteten den Zorn meines Bruders Safdar Schah, der sie für das, was geschehen war, verantwortlich machte.

Kapitel 10

Schwestern

Der Dezember kam, und mit ihm die Vorbereitungen für das Christfest. Der größte Teil der blinden Kinder würde über Weihnachten nach Hause fahren, aber ein paar mußten auch in der Schule bleiben. Darum schmückten wir den Speisesaal mit einem Christbaum und etlichen Papierschlangen, bauten eine kleine Krippe auf und durften miterleben, wie ein Ausdruck staunenden Verstehens auf den glücklichen, erregten Kindergesichtern aufleuchtete, als wir ihnen die ergreifende Geschichte vom Kommen des Christuskindes auf diese Welt erzählten.

Auch für mich war es ein besonderes Erlebnis – meine erste Kostprobe von diesem christlichen Fest. Kein Wunder, daß selbst Namenschristen, die den Gründer ihres Glaubens gar nicht persönlich kennen, beim Feiern Seines Geburtstages Segen empfangen, ganz gleich, ob sie dabei Pute und Plumpudding verzehren oder Hühnchen, Pilau und süßen Reis. Die Weihnachtsfreude sprengt alle Grenzen.

Der Schuldirektor und seine Frau hatten für jedes Kind ein kleines Geschenk in Form von Süßigkeiten und Spielzeug vorbereitet, und nach der Bescherung fuhren wir alle mit dem Lieferwagen der Schule zum Gottesdienst in der Kapelle der Heilsarmee. Wir Hausmütter waren für diesen Abend in den Bungalow des Direktors eingeladen worden.

Kurz nach Weihnachten erhielt ich unerwarteten Besuch. Mein Schwager Blund Schah aus Rawalpindi hatte eine furchtbare Nachricht mitgebracht. Ich wurde ins Besucherzimmer gerufen, wo ich ihn müde und niedergeschmettert antraf. Er teilte mir mit, daß meine Schwester Anis schwer krank in Gujerat lag, wo sie bereits seit drei Monaten in einem gemieteten Bungalow wohnte und von ihrer Hausärztin, die eine Stelle im dortigen Krankenhaus angenommen hatte, wegen einer schwierigen Schwangerschaft behandelt wurde. Nun hatte sie im siebten Monat eine Fehlgeburt gehabt. Das Baby war tot, und die Ärzte, die man aus dem Krankenhaus zur Hilfe herbeigerufen hatte, konnten die Blutung nicht zum Stillstand bringen.

»Sie ist dem Tode nahe und hat immer wieder nach dir verlangt. Würdest du bitte jetzt gleich mit mir kommen? Mein Wagen steht draußen.«

Das war eine Bitte, die ich nicht abschlagen konnte. Die Tür, die ich für immer fest verschlossen glaubte, hatte sich einen Spaltbreit geöffnet.

»Ach, meine arme Schwester! Natürlich komme ich mit, aber zuerst muß ich um Genehmigung fragen.«

Ich bat ihn, mich für einen Augenblick zu entschuldigen, und verließ das Zimmer. Eine leise Stimme flüsterte mir ins Ohr: »Bis du hinkommst, ist sie längst tot. Das ist reine Zeitverschwendung. Und überhaupt wird man dich nicht über diese Dinge reden lassen. Vielleicht versucht man sogar, dich dort festzuhalten und deine Rückkehr zu verhindern.«

Bevor ich mit dem Direktor über mein Anliegen sprach, ging ich in mein Zimmer und kniete nieder, um zu beten. Die Antwort kam klar und unmißverständlich: »Geh hin! Sie wird nicht sterben. Ich werde sie am Leben erhalten.«

Ich bat um zwei Tage Urlaub, der mir gewährt wurde, und packte schnell ein paar Kleinigkeiten in meine Tasche. Um 17 Uhr fuhren wir los. Als wir nach dreistündiger Fahrt vor dem Haus in Gujerat hielten, wurden wir mit einer schlimmen Nachricht empfangen.

»Sie ist tot«, sagte die Ärztin meiner Schwester, Frau Dr. Khan. »Um 19 Uhr ist sie gestorben. Sie hatte zu viel Blut verloren.«

Ich betrat das Zimmer, in dem meine Schwester lag. Ihr Gesicht hatte eine gelblich-graue Färbung und trug einen gequälten Ausdruck. Ihre Lippen waren blau. Mein Schwager ließ seinen Tränen freien Lauf, und ein mitfühlender Verwandter führte ihn aus dem Zimmer.

Nach und nach füllte sich der Raum mit Trauergästen aus der Verwandschaft und Nachbarschaft. Eine Todesnachricht verbreitet sich schnell, und ebenso schnell kommen die Leute, um dem Toten die letzte Ehre zu erweisen.

Ich kniete am Bett meiner Schwester nieder und weinte. »Jesus«, sagte ich in meinem Herzen, »du hast mir doch gesagt, sie würde am Leben bleiben. Was soll ich jetzt machen? Sie ist tot.«

Dann betete ich einfach weiter: »Jesus, du bist der Weg, die Wahrheit und das Leben. Bitte, tu ein Wunder und wecke sie wieder auf!« In diesem Sinne fuhr ich fort zu beten, bis ich von dem Gedanken überwältigt wurde, daß Jesus ja gesagt hatte: »Sie wird nicht sterben. Ich werde sie am Leben erhalten.« Da bat ich Ihn: »Herr, laß sie leben, damit ich ihr noch etwas von dir erzählen kann.« Schließlich, nach geraumer Zeit, hörte ich eine Stimme sagen: »Sie ist nicht tot. Sie lebt. Ich habe ihr Leben verlängert.«

Daraufhin erhob ich mich von meinen Knien und sagte zu den Anwesenden: »Warum weint ihr denn alle? Sie ist nicht tot, sie lebt.«

Eine allgemeine Bestürzung war die Folge. »Sie ist verrückt!« schrie jemand. »Bringt sie in ein anderes Zimmer! Schließt sie ein!«

Ich wurde gepackt und in ein leerstehendes Zimmer geschoben. Dann hörte ich, wie das Schloß von außen zuschnappte. Ich war gefangen! Doch ich betete weiter: »Herr, wecke meine Schwester auf, damit alle glauben, daß sie lebt.«

Inzwischen hatte man angefangen, die letzten Dinge zu erledigen und den Sarg vorzubereiten. Der Leichnam meiner Schwester war bereits gewaschen worden, und man hatte ihr andere Kleider angezogen. Sie würde nochmals gebadet werden, aber nicht während der Nacht. So war es bereits gegen 8 Uhr morgens, als das Schloß außen an meiner Tür geöffnet und ich hinausgelassen wurde, um Abschied von meiner Schwester zu nehmen.

Zusammen mit anderen Frauen stand ich an ihrem Bett. Die Frau des Mullas sprach das *Kalmas* über der Toten und trat dann mit drei anderen einen Schritt vor, um den Leichnam hochzuheben und ihn zum letzten Mal zu baden. Auf den Händen und Füßen der Toten sah ich die hennarote Farbe… das Zeichen des Glücks, das Zeichen des Blutes… Nach dem Bad würde man meine Schwester in ein Tuch einhüllen und sie in den Sarg legen.

Plötzlich bewegte die Tote ihren Arm, öffnete die Augen, setzte sich kerzengerade im Bett auf und sah erstaunt um sich. Dann betrachtete sie zweifelnd ihre Hände und fragte: »Was ist geschehen?«

Die Leute schrien auf und wichen zurück; einige wollten sogar fluchtartig das Zimmer verlassen. Es war ein unglaubliches Durcheinander. Ich schloß Anis in die Arme, und sie klammerte sich an mich. Langsam kamen die Leute wieder näher. Dann richteten sich plötzlich alle Blicke auf mich. »Was hast du gemacht? Wie kann eine Tote aufrecht sitzen?«

Ich war überglücklich. Ein wunderbares Gefühl der Größe und Allmacht Gottes hatte mich ergriffen. Lächelnd erwiderte ich: »Fragt sie selber, was geschehen ist.«

In ihrer gewohnten, ruhigen Art fing Anis an zu erzählen: »Ihr braucht euch nicht vor mir zu erschrecken. Ich lebe wirklich.«

Ihr Mann und der Imam, der Mulla und der Muezzin kamen aus der Moschee herbeigestürzt, als sie den Tumult gewahr wurden. Der Mulla legte meiner Schwester die Hand auf den Kopf und fragte: *»Bati«,* sag mir die Wahrheit: Was ist mit dir geschehen? Vor vierzehn Stunden bist du gestorben. Wir hatten schon fast alles für deine Beerdigung vorbereitet.«

Sie erwiderte: »Ich war nicht tot.«

Die Ärztin war ebenfalls im Raum anwesend. »Sie waren tot! Kein Fünkchen Leben war mehr in Ihnen«, beteuerte sie immer wieder.

»Ich war nicht tot, ich habe nur geschlafen«, entgegnete meine Schwester. »Während ich schlief, träumte mir, daß ich im Begriff war, meinen Fuß auf eine Leiter zu setzen. Oben auf der Leiter sah ich einen Mann stehen in einem weißen Gewand mit einer goldenen Krone auf dem Kopf, und von seiner Stirn ging ein wunderbares Strahlen aus. Ich sah seine Hand über mir, und auch von seiner Hand gingen Lichtstrahlen aus. Er sprach zu mir: ›Ich bin Jesus Christus, der König aller Könige. Ich sende dich jetzt zurück, aber zur bestimmten Zeit bringe ich dich wieder hierher.‹ Und dann habe ich die Augen aufgemacht.«

Ein freudiges Leuchten lag während des Erzählens auf Anis' Zügen. Der Jubel, der jetzt in unserer Familie herrschte, läßt sich mit Worten nicht beschreiben. Ich nahm die Gelegenheit wahr, jedem, der es hören wollte, von dem wunderwirkenden Prophet zu erzählen, der mehr war als ein Prophet – Jesus.

Selbst Anis' Mann, der zu Anfang einer meiner größten Gegner gewesen war, sagte jetzt, daß meine Gebete seine Frau zum Leben erweckt hätten.

»Wer ist dieser große Prophet, den du gesehen hast?« fragte er mich drei Tage später, als die Besucher sich zerstreut hatten. Ich nahm den Koran zur Hand und wies ihn auf die Abschnitte in der Sure »Maria« hin, die von Jesus handeln. Dann zeigte ich ihm in meiner Bibel die Geschichte von der Auferweckung des Lazarus aus Johannes 11, 43-44. »Glaubst du jetzt, daß Jesus Tote auferweckt?« fragte ich ihn. »Hier steht es, daß Er gerufen hat: ›Lazarus, komm heraus!‹, und er kam!«

Langsam und bedächtig gab mein Schwager zur Antwort: »Ja, ich glaube, daß Jesus, der Sohn der Maria, dieses getan hat. Meine Frau hat ein zweites Leben bekommen.« Er schien mit dem, was ich ihm gesagt hatte, einverstanden zu sein und es zu akzeptieren.

Doch in Anis selber hatte die größte Veränderung stattgefunden. Sie war mir immer eine liebe Schwester gewesen, aber jetzt strahlte sie eine ganz neue Freude und einen tiefen Frieden aus. Ich hörte zu, als sie dem Mulla und seiner Frau ihre Vision von Jesus in allen Einzelheiten schilderte, und bemerkte, wie die beiden mit äußerster Konzentration zuhörten. Dann aber fingen sie an, mich mit unverhohlenem Mißfallen zu mustern.

»Erzähl mir mehr von Jesus«, flüsterte Anis mir in einem der wenigen Augenblicke zu, in dem wir allein waren. Ich gab ihr ein kleines Neues Testament, und sie versprach, darin zu lesen, obwohl, wie sie meinte, sie jemanden brauchen würde, der ihr half, das Gelesene zu verstehen. Sie fing mit dem Matthäusevangelium an, und ich erklärte ihr, wie Jesus geboren wurde und was Seine Abstammung war.

»Bete für mich!« bat sie. »Ich will dem, was ich gesehen habe, treu bleiben und Ihm folgen, der mir das Leben geschenkt hat. Du weißt, ich bin verheiratet und brauche darum besonders deine Gebete.«

Meine Augen füllten sich mit Tränen. Wie gut konnte ich mich in ihre Lage hineinversetzen!

Durch alle diese Ereignisse hatte ich die Blindenschule fast völlig vergessen. Plötzlich jedoch fiel mir ein, ich sollte unbedingt wieder an meine Arbeitsstelle zurückkehren. Um ehrlich zu sein, brannte ich auch darauf, anderen Menschen von den Wundern, die wir erlebt hatten, berichten zu können. Als ich mich von Anis verabschiedete, um mit dem Bus zurück nach Lahore zu fahren, drückte sie meine Hand und versicherte: »Meine Tür steht dir jederzeit offen, falls du zu mir kommen willst. Auch wenn die anderen in unserer Familie dich nicht sehen wollen, ich freue mich, wenn du mich besuchst.«

Als der Bus von Gujerat abfuhr, beladen mit Menschen aus der Stadt und den umliegenden Dörfern, lehnte ich mich auf meinem Sitz zurück und überdachte nochmals sämtliche Ereignisse meines Besuchs, der jetzt langsam wie ein schöner Traum verflog. Eines war mir dadurch ganz klar geworden: Ich liebte diese Menschen noch immer, aber ich konnte mich in der Welt, in der sie lebten, nicht mehr zurechtfinden. Ich war ein Pilger, aber nicht unterwegs nach Mekka, sondern direkt zu Gott durch Jesus Christus. Die »Sunrise«-Blindenschule war ein Teil meiner Pilgerreise geworden. Während der Bus weiter in Richtung Lahore schlingerte, freute ich mich schon darauf, meine blinden Jungen wiederzusehen.

Leider hatte ich, ohne mir dessen bewußt zu sein, einen schlimmen Fehler begangen. Das wurde mir von der Schulleitung unmißverständlich klargemacht, als ich mit drei Tagen Verspätung wieder an meinem Arbeitsplatz erschien.

»Sie haben um zwei Tage Urlaub gebeten und sind fünf Tage fortgeblieben.«

Es war eine schmerzhafte Befragung, und ich wurde fristlos entlassen, ohne daß man mir eine echte Chance gegeben hätte, alles zu erklären. Doch ich überließ es meinem Gott, mich zu verteidigen und mir Recht zu verschaffen.

Wenige Minuten später stand ich, an einen Laternenmast gelehnt, an der Ravi Road. Der Schock und die Bestürzung über den plötzlichen Rausschmiß steckten mir noch in allen Gliedern. Zudem hatte ich Hunger; die Mittagszeit war bereits vorüber, und ich hatte seit dem Frühstück am zeitigen Morgen nicht mehr gegessen. Es war bedeckt und kalt und würde an diesem Tag früh dunkel werden. Ich dachte daran, daß der *dhobi* noch Kleidungsstücke von mir und auch mein Bettzeug in Verwahrung hatte. Man hatte mir diese Dinge nicht ausgehändigt. In Gedanken sah ich die geduldigen Gesichter meiner kleinen blinden Zöglinge vor mir, und die Tränen stiegen mir brennend in die Augen. Jetzt würden sie keine Geschichten mehr von ihrer *Ba-ji* hören. Außerdem hatte ich auch noch Geld zu bekommen. Ich besaß nichts außer dem kleinen Betrag, den meine Schwester mir bei der Abreise am Morgen mitgegeben hatte. Hilflos und verwirrt stand ich da, in dem Bewußtsein, daß ich mich in einer einsamen Gegend befand und als ein Mädchen, das vom Islam zum Christentum übergetreten war, keinen großen Schutz erwarten konnte.

»Vater«, betete ich leise und legte damit mein Schicksal bewußt in Gottes Hand, »es gibt gute und böse Menschen in dieser Stadt. Hast du irgendwo ein Plätzchen für deine Tochter? Bitte, sage mir, wohin ich gehen soll.«

Augenblicklich wußte ich die Antwort. Sie lautete: »Geh zurück nach Gujerat.«

Ich hatte genug Geld für die Fahrt. Ich erreichte den 14-Uhr-Bus, nahm von der Haltestelle aus eine *tonga* und überraschte meine Schwester. Voller Freude umarmte sie mich und sagte:

»Wie froh bin ich, daß du wieder zu mir gekommen bist. Jetzt kannst du mir wenigstens helfen, die Bibel zu verstehen.«

Sogar Blund Schah freute sich, daß ich wieder da war, weil ich seiner Frau Gesellschaft leisten konnte. Sie vermißte ihre beiden Kinder sehr, zwei Töchter von acht und sechs Jahren, die bei ihren Großeltern in Rawalpindi geblieben waren. Auch mein Schwager mußte wieder dorthin zurückkehren, um sich um das Busunternehmen zu kümmern, in dem er einer der Teilhaber war.

So konnten meine Schwester und ich uns für eine Zeit völlig ungestört unseres neuen Verhältnisses erfreuen. Wie zwei junge Lämmer weideten wir auf den grünen Auen des Wortes Gottes, und meine Schwester veränderte sich zusehends, während sie mehr und mehr Erfahrungen in ihrem neuen Leben mit Gott sammelte. Sie war nicht mehr so herrisch zu den Dienstboten und tat die Arbeit manchmal sogar selber. Ja, es konnte vorkommen, daß sie ihre Bediensteten aufforderte, zuerst zu essen, mit der Begründung:

»Die Armen haben Vorrang.« Sie hatte in ihrer Bibel den Vers gefunden: »Einer achte den anderen höher als sich selbst.«

Als ich ihr, weil ich ihre Motive herausfinden wollte, einmal die Frage stellte: »Warum machst du das?« bekam ich zur Antwort: »Weil ich versuche, ein gehorsamer Diener Jesu zu sein. Ich möchte, daß mein Stand klar ist, falls ich morgen sterben sollte.«

Ihre Dienerinnen zeigten sich aufrichtig überrascht. »Seit unsere Bibi von den Toten wiedergekommen ist, ist sie wie ein Engel«, vertrauten sie mir an. Sie arbeiteten jetzt noch eifriger für sie, weil ihr Dienst von Herzen geschah, nicht nur aus Pflicht. Mir begegneten sie mit größtem Respekt.

Eines Tages erkundigte Anis sich bei mir nach meiner Taufe und hörte aufmerksam zu, als ich ihr die Bedeutung dieses Schrittes erklärte. »Es ist wichtig, daß du mit Christus in der Taufe begraben wirst, wenn du wirkliches Leben haben willst«, sagte ich. »Dadurch, daß wir uns taufen lassen, werden wir an Leib, Seele und Geist gereinigt, und wir werden Sein Volk.«

Darauf meinte Anis: »Ich möchte auch getauft werden, weil ich Christ geworden bin. Ich bin von Grund auf verwandelt worden und möchte jetzt den nächsten Schritt tun.«

In meiner Freude über ihren Entschluß mischte sich eine nicht geringe Bestürzung. Wieviel hatte es mich gekostet, daß ich mich hatte taufen lassen! Ob sie überhaupt begriff, welchen Preis sie u.U. dafür würde bezahlen müssen?

Doch Anis blieb fest. »Es schadet mir, wenn ich mich nicht taufen lassen«, sagte sie. »Ich bin dann weder Moslem noch Christ, sondern stehe irgendwo dazwischen.« Ich kapitulierte vor ihrer Entschlossenheit. Welches Recht hatte ich, ihr meine Hilfe zu versagen? Doch mir war von vornherein klar, daß ich mich wegen dieser Angelegenheit nicht an einen christlichen Pastor wenden konnte. Damit wäre das Unheil, zumindest von seiten der Familie meines Schwagers, vorprogrammiert. Ich mußte selber die Taufhandlung vornehmen.

Eines Nachmittags beauftragten wir eine der Dienerinnen, die tiefe, im Badezimmer einzementierte Wanne mit lauwarmem Wasser zu füllen und ein paar Handtücher sowie frische Wäsche bereitzulegen. Dann ließen wir sie gehen. Mir ihren dunklen

Augen sah sie uns neugierig an, während wir die Badezimmertür hinter ihr schlossen.

Ich stieg mit Anis ins Wasser und bat sie, ihren Glauben an Christus zu bekennen. »Ich begrabe jetzt mein altes Wesen und stehe als neuer Mensch in Jesus Christus auf. Ihm will ich treu bleiben.«

Daraufhin tauchte ich sie im Namen des Vater, des Sohnes und des Heiligen Geistes im Wasser unter und befahl sie der bewahrenden Gnade Gottes an. Es war ein Augenblick des Triumphes. Anis erzählte mir hinterher, daß sie, während sie betete, wie auf Engelsflügeln emporgehoben worden sei und in einer Vision viele Menschen gesehen habe, die im Kreis standen und Jesus priesen.

Ich mußte es jedoch lernen, daß es jedesmal, wenn ich eine besondere geistliche Freude erlebt hatte, galt, auf der Hut vor dem Angriff böser, finsterer Mächte zu sein. Dieses Ereignis bildete da keine Ausnahme. Mein Schwager erfuhr von der Taufe. Ich glaube, das Dienstmädchen mit den scharfen Ohren hatte ihm irgend etwas verraten, und er fragte meine Schwester, was wir gemacht hätten.

Anis sah besorgt aus, als sie mir davon berichtete. »Er hat mich gestern abend danach gefragt, und ich habe ihm gesagt, was es mit der Taufe für eine Bewandtnis hat. Jetzt ist er wütend. Er will von der ganzen Sache mit dem Kreuz nichts wissen. Vielleicht versteht er es auch gar nicht, ich weiß nicht so recht. Es scheint mir, als suche er eine Auseinandersetzung mit dir. Bitte versuche, jeden Streit mit ihm zu vermeiden, sonst schickt er dich bestimmt fort.«

Ich gab mir alle Mühe, besonders liebenswürdig zu meinem Schwager zu sein, aber schließlich stolperte ich doch in eine Diskussion mit ihm hinein.

Es begann damit, daß er mich aufforderte, ihm zu erklären, was für ein Unterschied darin bestehe, ob man den Koran oder die Bibel lese. Natürlich konnte ich nicht umhin, ihm zu sagen, daß Jesus der Unterschied sei – Er, der Weg, die Wahrheit und das Leben...

»Es ist ja ganz schön und gut, die Bibel zu lesen«, versetzte Blund Schah, »aber das mit dem Kreuz ist nicht in Ordnung. Sogar in eurer Bibel steht, daß nur ein Verfluchter am Kreuz stirbt, und wie kann ein Verfluchter anderen Leuten das Leben schenken!« Triumph spiegelte sich auf dem Gesicht meines Schwagers. Er meinte, jetzt säße ich fest.

Doch das war für mich genau die richtige Gelegenheit. Ich las ihm 1. Korinther 1,18 vor: »Denn das Wort vom Kreuz ist denen, die verlorengehen, Torheit.«

Er sagte nichts darauf, und, mutiger geworden, las ich auch noch Johannes 1,29: »Siehe, das Lamm Gottes, das die Sünde der Welt wegnimmt.«

Begierig lauschend, saß meine Schwester dabei. Ihr Gesicht trug einen verträumten Ausdruck, und sie unterbrach mich mit keinem Wort.

Ich kam auf die Thora und auf die Wurzeln des moslemischen Glaubens zu sprechen und erklärte ihm, daß schon Abraham Blutopfer für seine Sünden dargebracht hatte, daß sie aber, seit Jesus zum Opferlamm für die Sünde geworden sei, nicht mehr notwendig seien. Dazu zeigte ich ihm 1. Mose 22,12, wo es heißt: »Strecke deine Hand nicht aus nach dem Knaben«, sowie Johannes 12,32: »Und ich, wenn ich von der Erde erhöht bin, werde alle zu mir ziehen.« Durch das gewaltige Opfer Jesu, jenen vollkommenen, ein für allemal am Kreuz geschehenen Sühnetod des Gotteslammes, werden uns die Sünden vergeben, erklärte ich Blund Schah.

Weiter erzählte ich ihm, daß ich zuerst im Koran von diesen Dingen gelesen und sie dann durch das Studium der Bibel besser verstanden hätte. Ich sprach von den Propheten, die das Kommen Jesu vorhergesagt hätten. Auch sagte ich ihm, daß die Bibel nicht einfach irgendein Buch sei, sondern das lebendige Wort Gottes, und daß ich bisher in jeder Situation meines Lebens Zuflucht zur Bibel habe nehmen können.

Zum Schluß las ich noch Apostelgeschichte 4,11-12: »Das ist der Stein, der von den Bauleuten für nichts geachtet, der zum Eckstein geworden ist. Und es ist in keinem anderen das Heil; denn auch kein anderer Name unter dem Himmel ist den Menschen gegeben, in dem wir errettet werden müssen.«

Es war gegen 10 Uhr morgens, und wir befanden uns im Wohnzimmer des Hauses in Gujerat. Blund Schah saß, nachdem ich geendet hatte, wie hypnotisiert in seinem Sessel. Doch dann erlangte er die Fassung wieder und sah mich mit zusammengekniffenen Augen an. »Willst du mich etwa auch zum Christen machen?«

»Willst du mich etwa auch zum Christen machen?« fauchte er. »Da wohnst du in meinem Haus, ißt von meinem Tisch und erdreistest dich noch, unseren moslemischen Glauben in dieser Weise zu unterminieren! Mach, daß du fortkommst, und laß dich ja nicht wieder hier blicken!«

Meine Schwester drückte mir heimlich etwas Geld in die Hand und flüsterte mir zu: »Fahr nicht wieder nach Lahore. Geh nach Rawalpindi, und ich werde dich dort finden, wenn ich komme.«

Sie gab mir die Adresse einer guten Bekannten der Familie, einer Schiitin, deren Mann ein hoher Regierungsbeamter war. Diese Frau bekleidete eine wichtige Stellung in mehreren karitativen Einrichtungen, die bemüht waren, das Los der Frauen zu verbessern, indem sie für bessere Verhältnisse sorgten. Vielleicht hatte sie eine Arbeit für mich, meinte Anis.

Das war eine gute Nachricht. Ich mußte unbedingt eine Arbeitsstelle finden. So nahm ich eine *tonga* zur Bushaltestelle, wo ich in den Bus nach Rawalpindi einstieg. Dreieinhalb Stunden später kletterte ich, am Ziel angekommen, wiederum in eine *tonga,* die mich am Tor des imposanten Wohnhauses in der Peshawar Road absetzte. Ich gab dem Torwächter einen Zettel mit meinem Namen und dem meines Vaters, damit die Dame, die ich zu sprechen wünschte, wußte, daß ich zu einer befreundeten Familie gehörte, und sich vielleicht sogar an mich erinnerte.

Ich wurde hereingebeten, und als ich durch das hohe Tor schritt, das in die Mauer eingelassen war, hatte ich das Gefühl, das Richtige getan zu haben, und konnte nur hoffen, daß alles gut ausgehen würde.

Kapitel 11

In der Falle

Ich stand im Salon der Dame gegenüber, die ich besuchen wollte, und ertrug mit der größtmöglichen Fassung ihre prüfenden Blicke. Sie war eine vornehme Erscheinung, größer als ich, mit heller Haut und kurzem Haar. Sie trug einen rosafarbenen *shalwar kameeze* mit einem Pullover darüber und hatte einen schwarzen, bestickten Schal um die Schultern geschlungen.

Mit einem liebenswürdigen Lächeln begrüßte sie mich: »Wie nett von Ihnen, mich zu besuchen. Wir haben uns wohl noch nicht kennengelernt? Mein Mann ist allerdings nicht zu Hause. Er hat in Islamabad zu tun und kommt erst heute abend zurück. Er ist ein vielbeschäftigter Mann.«

Ich murmelte etwas davon, daß ich gehört hätte, er sei eine sehr wichtige Persönlichkeit. Die Dame neigte ihr graziöses Haupt und rief einer Dienerin zu, man möge uns Tee servieren. Während wir das heiße Getränk aus zarten Porzellantassen mit einem Blütendekor schlürften, hielt sie ununterbrochen einen bemerkenswerten Fluß höflicher Konversation aufrecht. Sie erkundigte sich, wie es mir gehe und wie ich von Gujerat hergekommen sei. Mit großer Anteilnahme ließ sie sich von Anis berichten. Allerdings ging ich nicht auf Einzelheiten ein, weil ich annahm, es wäre ihr nicht recht, wenn die Bediensteten mitbekämen, was ich zu erzählen hatte.

Als wir unseren Tee zu Ende getrunken hatten, bat sie mich, ihr zu folgen. Sie führte mich in ihr Zimmer, schloß die Tür hinter mir, bot mir einen Sessel an und begann sofort, mir die Fragen zu stellen, die unausgesprochen zwischen uns in der Luft gehangen hatten:

»Warum sind Sie ohne Schleier gekommen? Und warum allein? In Ihrer Familie ist es nicht üblich, daß die Mädchen ohne Begleitung ausgehen. Was ist mit Ihnen passiert? Befinden Sie sich in irgendwelchen Schwierigkeiten?

Ich trug einen weißen Mantel über meinem *shalwar kameeze* und hatte ein Tuch um den Kopf gebunden. Bereits vor längerer Zeit hatte ich aufgehört, den *burka* zu tragen. Doch hatte ich eigentlich im Augenblick nicht vor, darüber zu diskutieren.

So antwortete ich der Dame: »Es erstaunt Sie, daß ich keinen Schleier trage. Sind Sie nicht weit mehr erstaunt, daß ich laufen kann? Sie wissen doch sicher, daß ich neunzehn Jahre lang ein Krüppel war und das Bett nicht verlassen konnte?«

»Das weiß ich« gab sie zu. »Sagen Sie mir doch bitte, welcher Arzt Sie behandelt hat, daß es Ihnen jetzt so gut geht?«

»Ich will Ihnen gerne meinen Arzt zeigen«, erwiderte ich. Damit schlug ich meine Urdu-Bibel auf und fing an, die Geschichte aus Markus 2, 9-11 vorzulesen, von dem lahmen Mann, der von seinen vier Freunden zu Jesus gebracht und von diesem geheilt wurde. Anschließend reichte ich ihr die Bibel, damit sie die Verse selber noch einmal nachlesen konnte.

Sie nahm das Buch in die Hand, als sei es eine Schlange, betrachtete es einen kurzen Augenblick und gab es mir zurück. »Dieses ist das Buch der Christen«, erklärte sie dazu mit angewidertem Gesichtsausdruck.

»Das stimmt, und ich selber bin auch Christ«, entgegnete ich.

Sie mußte sich an der Lehne ihres Sessels festhalten. »Was höre ich da?« stieß sie aufgeregt hervor.

»Es ist die Wahrheit. Christus, der mich gesund gemacht hat, gehöre ich jetzt an.«

»Was wollen Sie damit sagen?« Nun erzählte ich ihr meine ganze Geschichte, vermied es indessen, die Namen von irgendwelchen Christen zu nennen.

Meine Gastgeberin gab sich alle Mühe, die Fassung zu wahren. Sie stand auf, ging einige Male mit schnellen Schritten durchs Zimmer und ließ sich mir gegenüber wieder auf ihren Sitzplatz nieder. Dann beugte sie sich vor und sagte, wobei sie mich mit einem Ausdruck tiefer Besorgnis anblickte:

»Und wenn schon. Auch wenn Jesus Sie geheilt hat, mußten Sie deswegen unbedingt Christ werden?«

»Ja«, erwiderte ich. »Es ist so: Ich habe ein neues Leben bekommen und gehöre jetzt Ihm, der mir dieses Leben gegeben hat. Deshalb bin ich aus meinem Elternhaus verwiesen worden. Jedoch bin ich nicht zu Ihnen gekommen, um mit Ihnen über Religion zu diskutieren. Ich wollte Sie nur fragen, ob Sie mir vielleicht eine Arbeitsstelle in einer Ihrer Frauenorganisationen vermitteln könnten. Wäre das wohl möglich? Eine einfache Arbeit würde genügen, ich erwarte keine hochdotierte Stellung.«

Ein kurzes Schweigen folgte, während die Dame nachdenklich das Muster auf dem kostbaren Teppich studierte. »Ich verstehe. Wissen Sie, ich hatte allen Ernstes geglaubt, jemand habe Sie von zu Hause entführt und Sie hätten sich hierher durchschlagen können, um von mir Hilfe zu erbitten.«

Sie lachte gezwungen. »Nun gut. Diese Nacht bleiben Sie auf jeden Fall hier, und morgen werde ich sehen, was ich für Sie tun kann.«

Sie wies mir ein leerstehendes Zimmer zu, und eine ihrer Dienerinnen versorgte mich mit einem Abendessen. Ich sprach noch ein kurzes Gebet und ging dann zu Bett, müde, aber voller Zuversicht. Verwandschaftliche Bande waren, selbst auf eine so große Entfernung hin, anscheinend doch stärker, als ich gedacht hatte.

Am nächsten Morgen nach dem Frühstück, das ich allein im Eßzimmer einnahm, lernte ich den Mann meiner Gastgeberin kennen. Er ging sofort zum Angriff über und forderte mich, wenn auch mit größter Höflichkeit, auf, dem Christentum abzusagen. Natürlich lehnte ich mit der gleichen Höflichkeit ab. Innerlich konnte ich ein Zittern nicht unterdrücken, stand ich hier doch einem Mann gegenüber, der einen hohen Regierungsposten bekleidete. Es wäre ihm ein leichtes gewesen, mich wie eine lästige Mücke abzuschütteln, wenn ich auch zum Freundeskreis der Familie gehörte.

Er sagte: »Überlegen Sie genau, was Sie sagen. Noch haben Sie Zeit, sich dem Islam wieder zuzuwenden, und ich will Ihnen gerne behilflich sein, daß Sie mit Ihrer Familie ausgesöhnt werden.« Schwang da vielleicht eine versteckte Drohung mit? Ich nahm meinen ganzen Mut zusammen. Hier war eine Gelegenheit, die ich nicht versäumen durfte.

»Vielen Dank, aber das ist nicht nötig«, gab ich zurück. »Ich habe mich nicht mit meiner Familie zerstritten. Ich lebe mit allen im Frieden. Jesus, an den ich glaube, ist der Friedefürst, und Er kann auch Ihnen Frieden schenken.« Die Worte waren mir bereits herausgerutscht, ehe ich es gemerkt hatte.

»Warum geben Sie das Christentum nicht auf?« Langsam verlor er etwas von seiner eiskalten Gelassenheit. »Wenn Sie schon nicht bei einem Ihrer Geschwister wohnen wollen, kommen Sie doch zu uns und bleiben Sie für den Rest Ihres Lebens hier!«

Das war ein großzügiges Angebot, und es war bestimmt ehrlich gemeint.

»Vielen Dank, aber das Christentum ist für mich nicht nur eine Religion, die man einfach aufgeben kann, wenn einem danach zumute ist, sondern eine klare Lebensveränderung. Wenn ich aufhören würde, in Christus zu leben, dann würde ich sterben.«

Rasch fuhr ich fort: »Wenn es Ihnen nicht möglich ist, mir eine Arbeitsstelle zu besorgen, sagen Sie es mir bitte. Ich werde dann wieder gehen und Sie nicht weiter belästigen.«

Einen Augenblick lang stand er steif wie eine Statue da, dann wandte er sich ab. »O doch, wir werden schon etwas für Sie finden.« Er zwinkerte seiner Frau zu und verließ das Zimmer.

Ich hörte, wie sie dem Fahrer zurief, er möge den Wagen bereitmachen. »Kommen Sie!« forderte sie mich auf; wir stiegen beide ins Auto ein und fuhren in die Stadt. Der Wagen hielt vor einem großen eisernen Tor, das in eine hohe Mauer eingelassen war. Dahinter konnte ich den Giebel eines riesigen Betongebäudes sehen. Ein Schild zeigte an, daß dieses das Zentralgefängnis von Rawalpindi war. Hier sollte ich also Arbeit finden.

Der Fahrer rief dem Wachposten etwas zu, und das Tor wurde geöffnet. Meine Gastgeberin ging mit mir ins Büro des Direktors und unterhielt sich mit ihm für ein paar Minuten in Englisch. Offenbar ging es dabei um meine Person. Dann drückte der Direktor auf einen Klingelknopf, worauf eine ältere Frau mit klirrendem Schlüsselbund erschien. Der Direktor sagte etwas zu ihr, was ich nicht verstand, und deutete dabei mit einer Kopfbewegung in meine Richtung. »Kommen Sie!« forderte die Frau mich auf.

Meine freundliche Bekannte sagte: »Gehen Sie mit dieser Frau. Dieser Platz wird das richtige für Sie sein.«

Ich bedankte mich herzlich bei ihr und folgte der Frau, die mich aus dem Büro hinausführte und mit mir eine Veranda überquerte. Sie schloß ein vergittertes Tor auf und ließ mich in einen länglichen Raum eintreten, der wie ein Flur aussah, mit einer hohen Decke und ohne Fenster. Das bißchen Licht, das vorhanden war, kam von dem Tor aus Gitterstäben her, das sich in einer Wand befand. An der gegenüberliegenden Wand war ein weiteres, massives Tor zu sehen. Etwa zehn Frauen kauerten auf schmutzigen, aus Palmblättern oder Hanf geflochtenen Matten auf dem Boden oder lehnten mit einem Ausdruck mürrischer Gleichgültigkeit an der Wand. Ich hörte, wie die Tür hinter mir ins Schloß fiel und ein Schlüssel umgedreht wurde, und sah ratlos die mir am nächsten sitzende Frau an.

»Was soll das bedeuten? Wo ist die Arbeit, die ich hier tun soll?«

»Arbeit? Hier gibt es keine Arbeit. Sie sind im Gefängnis, genau wie wir auch. Was haben Sie verbrochen, daß man Sie hierher gebracht hat?«

Ich brauchte eine Weile, um zu erfassen, was geschehen war. Diese sogenannte Freundin der Familie hatte mich ins Gefängnis gebracht, weil ich das Verbrechen begangen hatte, Christ geworden zu sein! Man hatte mir eine Falle gestellt, und ich war hineingelaufen. Ich rannte zum Tor und rüttelte an den Gitterstäben. Niemand kam. Ich rief laut, erhielt aber keine Antwort. Nur die junge Frau, die mir das erste Mal geantwortet hatte, sagte:

»Sie können so laut schreien, wie Sie wollen – hinaus kommen Sie doch nicht!«

Ich wandte mich zu ihr um: »Was für ein Ort ist das hier?«

»Das sollten Sie eigentlich wissen, oder sind Sie wirklich so naiv? Dieses hier ist das Untersuchungsgefängnis, wo man bis zur Gerichtsverhandlung festgehalten wird, es sei denn, man findet jemanden, der die Kaution für einen bezahlt.« Bei den Erklärungen, die sie mir gab, sparte sie nicht mit Kraftausdrücken.

Ich versuchte, ruhig zu bleiben und die Lage zu überdenken. Wie lange würde man mich hier festhalten? Und welches Verbrechen konnte man mir zur Last legen? War es ein Verbrechen, Christ zu sein? Nach der Verfassung des Landes bedeutete die Zugehörigkeit zu einer Minorität kein Verbrechen. Nach islamischem Gesetz dagegen hatte ich mich der schlimmsten Übertretung schuldig gemacht und war für meine Familie wie eine Unberührbare geworden.

Bei diesem Gedanken kam mir Anis' Versprechen in den Sinn, mich in Rawalpindi ausfindig machen zu wollen. Sicher würde sie bald kommen. Dann fiel mein Blick auf meine Tasche. Glücklicherweise hatte man sie mir nicht abgenommen. Meine Bibel war darin und auch etwas frische Wäsche – eine unvergleichliche Kostbarkeit an solch einem Ort.

Erst jetzt begann ich, mich aufmerksamer umzusehen. Wo konnte ich hier schlafen? Der Raum war etwa fünfundzwanzig Meter lang und hatte drei oder vier Nischen an den Seiten, in denen sich eiserne Bettgestelle mit dunklen Decken befanden. Diese Nischen waren gegen die kalte Nachtluft aus den Himalajabergen geschützt, die durch die Gitterstäbe in den Aufenthaltsraum drang. Doch auf den ersten Blick war mir klar, daß ich dort nicht schlafen konnte. Die Kammern waren vollkommen dunkel und ohne Luftzufuhr, weil die Fenster fehlten –, wie Gräber. Außerdem hatte ich kein Verlangen, mich bei lebendigem Leibe von den Bewohnern der dunklen Decken auffressen zu lassen. Die anderen Frauen wickelten sich von Kopf bis Fuß in Tücher ein und streckten sich auf den schmutzigen Matten auf dem harten, kalten, dreckigen Fußboden zum Schlafen aus. Ich zog so viele Kleidungsstücke übereinander, wie ich nur konnte, und verbrachte die lange Nacht sitzend, wobei ich schlaftrunken durch die Gitterstäbe des Gefängnisses hindurch den klaren Nachthimmel mit Mond und Sternen erkennen konnte.

Die mangelnde Hygiene war ein Problem, das mir, wie auch den anderen Frauen, beständig zu schaffen machte. Ein höchst unangenehmer Geruch im Raum wies auf die Anwesenheit einer Toilette hin, aber es gab kein fließendes Wasser und keine vernünftige Waschgelegenheit – nur einen einzigen *mutka* oder Krug Wasser zum Waschen und Trinken für uns alle, mit dem wir einen Tag über auskommen mußten. Der Krug wurde jeden Morgen vom Wasserträger neu gefüllt. Ein Becher war mit einer Kette oben am Krug befestigt, außerdem hatten wir zwei Gläser zum Trinken und eine *lotha* für die rituellen Waschungen. Ich habe jedoch nie gesehen, daß jemand sie für diesen Zweck gebraucht hätte, solange ich dort war. Nichts lag den Gefangenen ferner, als zu beten.

Dreimal täglich brachte uns ein Wärter etwas, was eine gewisse Ähnlichkeit mit Essen besaß. Zum Frühstück gab es trockenes Brot und Tee, zu den anderen Mahlzeiten eine wässerige Linsensuppe, halbgare *chupatties* oder gelegentlich ein fades Auberginengericht. Beim Anblick dieser Dinge – die ich zu Hause nicht einmal den Bettlern vorgesetzt hätte – wurden die Gefangenen so wütend, daß sie manchmal den Wärter mit dem Tee überschütteten und ihn, den Koch, die Polizei und die Gerichte verfluchten. Auch übereinander fielen sie mit solch schrecklichen Schimpfworten her, daß ich mir die Ohren zuhalten mußte.

Durch die Gitterstäbe des Tores hindurch konnten wir gelegentlich in gewisser Entfernung Angehörige oder Freunde der Gefangenen vorbeigehen sehen, die gekommen waren, um diesen irgendwelche Liebesgaben zu bringen. Dann öffnete sich das Tor, und die eine oder andere Frau durfte kurz ins Besucherzimmer gehen, worauf sie mit Dingen wiederkam, die das Leben etwas erträglicher machten, wie saubere Tücher oder Nahrungsmittel. Bald darauf machten Hühnerstücke, Pilau und süßer Reis die Runde, aber ich bekam nie etwas davon.

Keiner schien Interesse an mir zu haben oder den Wunsch zu besitzen, mir irgendein Verbrechen zur Last zu legen. Ich wußte ja inzwischen, daß dies ein Untersuchungsgefängnis war für solche, die auf die Gerichtsverhandlung warteten. Wie lange konnte ein Mensch hier schmachten, ohne daß ein Urteil vollstreckt worden war?

Ich fragte die ältere Frau, eine Gefängniswärterin: »Warum bin ich hier?«

»Das weiß ich nicht. Der Direktor hat mir entsprechende Anweisungen gegeben«, erwiderte die Frau gleichgültig. »Ich habe nur einen Befehl ausgeführt.«

Von einem der Gefängnisblöcke auf der Seite der Männer hörte ich die Schreie von Häftlingen, die furchtbar geschlagen wurden. Eine meiner Mitgefangenen – von denen etliche mit Verbrecherbanden in der Stadt Verbindung zu haben schienen – sagte mir, daß die Männer geschlagen würden, um ihnen die passenden Geständnisse zu entlocken, die man für die Anklage brauchte. Ich erfuhr auch, daß Frauen aus demselben Grunde ebenfalls geschlagen werden konnten, allerdings von Frauen. So wartete ich und überlegte im Stillen, ob das vielleicht auch mein Schicksal werden könne.

In der ersten Woche konnte ich weder auf dem harten Boden richtig schlafen noch das Gefängnisessen vertragen. Wenn ich die Suppe nur roch, verging mir bereits jeglicher Appetit. Nein, ich hatte wirklich kein Gefallen an dem Schmutz, dem Ungeziefer und dem Gestank um mich her –, anfänglich nicht einmal an meinen Mitgefangenen. Doch jedesmal, wenn ich von den stürmischen Wogen des Zweifels und der Furcht hin- und hergeworfen wurde, schlug ich meine kostbare Bibel auf und fing an, darin zu lesen. Und jedesmal stellte ich fest, daß die Welt allmählich wieder in Ordnung kam und ein tiefer Friede mich wie ein Strom durchflutete. Ich las von Paulus und Silas im Gefängnis in Apostelgeschichte 16. Gewiß war es für sie genauso schlimm gewesen, wie gemeine Verbrecher behandelt zu werden, wie für mich. Trotzdem beteten sie und sangen Gott Loblieder. Und später schrieb der Apostel Paulus einmal, wiederum aus dem Gefängnis: »Saget Dank allezeit.« Nun gut, wenn das so war, dann wollte auch ich danksagen dafür, daß ich Gott in ähnlichen Umständen erfahren konnte.

Während ich die mir aufgezwungene Untätigkeit also nutzte, über Gottes Wort nachzusinnen, versuchte ich zunächst, mich dabei von meinen Zellengenossinnen abzukapseln. Die meisten von ihnen, das war mir klar, waren Kriminelle, die das Böse liebten, der Abschaum der großen Stadt, Bandenmitglieder, Ladendiebe, Taschendiebe, Kidnapper und sogar eine Mörderin aus der nordwestlichen Grenzprovinz, die ihren Mann umgebracht hatte. Oh, dieser Stolz! Hier im Gefängnis sollte ich gründlich davon kuriert werden.

Mein geduldiges Schweigen, während ich mich mit meinem Buch beschäftigte, ließ den Respekt der anderen Frauen, aber auch ihre Neugierde in bezug auf meine Person beständig zunehmen. Ich war ihnen ein Rätsel, das sich aber irgendwann einmal selbst lösen mußte.

»Was ist das, was du da mit solch großem Interesse liest?« Ich sah zu der Fragestellerin auf, einer noch jungen Frau, auf deren wüstem Gesicht deutlich die Spuren des schlechten Lebens zu sehen waren, das sie hinter sich hatte. »Du liest schon seit Tagen in diesem Buch und kümmerst dich überhaupt nicht um uns. Es muß ganz besonders gut sein. Wovon handelt es?»

»Möchtest du wirklich wissen, was in diesem Buch steht?«

»Ja. Irgendwas, was einem die Zeit vertreiben hilft in diesem Höllenloch, ist mir willkommen«, erwiderte die Frau, deren Name, wie ich von den anderen gehört hatte, Kalsoum war. Jedes Geschwätz im Raum verstummte, während die Frauen zuhörten, wie wir beide uns unterhielten.

Nun begann ich, meinen Mitgefangenen von Jesus zu erzählen.

Ich hielt das Buch in die Höhe: »Dieses Buch ist ein Spiegel.«

»Wieso ein Spiegel? Ich denke, es ist ein Buch!« Eine andere Frau, mit Namen Khatoon, sah sich, Zustimmung heischend, im Kreise ihrer Gefährtinnen um.

»Also, es ist ein Buch, das gleichzeitig ein Spiegel ist, weil wir uns selber darin erkennen können, so wie Gott, der Richter aller Menschen, uns sieht.«

»Kein besonders schöner Anblick«, meinte eine der Frauen mit einem rauhen Lachen.

»Da hast du recht«, entgegnete ich. »Dieser Spiegel zeigt uns alles, was wir getan haben, und nennt es ›Sünde‹. Unsere Sünden sind weder in Gottes Augen noch aus der Sicht der Menschen etwas Gutes. Die Menschen verurteilen die Sünde und bestrafen uns für das, was wir Unrechtes getan haben. Aber Gott ist heilig und muß uns deshalb noch viel strenger wegen unserer Sünde verurteilen. Gott hat kein Gefallen an der Sünde. Sie beleidigt und verletzt Ihn. Er muß alle Sünde mit dem Tod bestrafen.«

Inzwischen hatte ich die volle Aufmerksamkeit dieser armen Frauen, die auf ihr Urteil warteten, auf mich gelenkt. Ich fuhr fort: »Wahrscheinlich denkt ihr nun: »›Dann gibt es für uns kein Entrinnen. Wir müssen eben die Strafe erleiden.‹ Aber dieser Spiegel zeigt uns, daß es für Gott zwei Wege gibt, um mit unserer Sünde fertig zu werden. Der eine Weg führt zum Tod, der andere zum Leben, und wir können selber wählen, welchen Weg wir gehen wollen.«

Das nervöse Schweigen, das nun folgte, wurde von Kalsoum unterbrochen, die mit der Frage herausplatzte: »Wie kann der Spiegel dieses alles fertigbringen?«

»Er zeigt uns, daß Gott selbst für einen Weg gesorgt hat, um uns unsere Sünde zu vergeben. Er fordert uns sündige Menschen auf, zu Ihm zu kommen und Vergebung unserer Sünde zu erlangen. In diesem Buch steht geschrieben: ›Kommt her zu mir, alle ihr Mühseligen und Beladenen, und ich werde euch Ruhe geben‹ (Matthäus 11,28).«

Ich war erstaunt über die Reaktion meiner Zuhörerinnen. Alle waren der Unterhaltung mit größtem Interesse gefolgt. Eine Frau meinte: »Wir können nicht leugnen, daß wir mit Sünde beladen sind. Deshalb sind wir ja hier. Niemand kann uns das, was wir getan haben, abnehmen.«

Nun erklärte ich ihr, was die Bibel in 1. Johannes 1,9 zum Thema Vergebung zu sagen hat: »Wenn wir unsere Sünden bekennen, ist er treu und gerecht, daß er uns die Sünden vergibt und uns reinigt von jeder Ungerechtigkeit.«

Etliche der Frauen waren tief bewegt von dem, was sie gehört hatten. Ich sah Tränen in ihren Augen glänzen. Sie baten mich, ihnen noch mehr darüber zu sagen, und wir kamen überein, daß ich von nun an jeden Morgen mit einigen von ihnen eine Bibelstunde halten sollte.

Bereits nach kurzer Zeit bemerkte ich die Verwandlung, die mit meinen Zellengenossinnen vorging und sogar durch den Schleier des Schmutzes hindurch zu sehen war. Nicht nur, daß sie jetzt ihr Hühnchen und ihren Pilau mit mir teilten oder daß ich nun ebenfalls ein sauberes Tuch zum Schlafen bekam, in das ich mich einhüllen konnte. Das beste von allem war, daß sieben Frauen ihre Sünden vor Gott bekannten und ihre Schuld hinsichtlich der Dinge, die sie vor den Behörden abgestritten hatten, zugaben. Unter diesen sieben waren auch die Mörderin aus der nordwestlichen Grenzprovinz sowie zwei Taschendiebinnen. Sie versprachen hoch und heilig, daß sie nie wieder im Leben eine kriminelle Handlung begehen wollten. »Dafür mußtest du also ins Gefängnis kommen«, sprach ich mir selber immer wieder Mut zu, während sich ein Tag nach dem anderen endlos hinzog, einen ganzen Monat lang.

Drei der Frauen wurden zur Verhandlung abgeführt und verließen die Zelle unter Tränen, weil sie von mir fort mußten. Dann, eines Tages, wurde auch ich aufgerufen. Die Gefängnistür öffnete sich, und ich wurde ins Wohnzimmer des Direktors geführt, wo ich eine zutiefst erschrockene Anis vorfand sowie die Bekannte, der ich vertraut hatte. Letztere versuchte, so unbeteiligt wie nur möglich auszusehen.

Anis kam auf mich zugestürzt und schlang ihre Arme um meinen Hals, so schmutzig wie ich war. Dann wandte sie sich zu der Bekannten um und nahm sie ins Kreuzverhör:

»Was hat meine Schwester getan, daß man sie ins Gefängnis gesperrt hat? Hat sie jemanden umgebracht?«

»Ihre Schwester ist Christ geworden. Sie hat dem Islam abgesagt!« Aus ihrem Tonfall war zu entnehmen, daß das für sie ein schlimmeres Verbrechen war, als wenn ich einen Mord begangen hätte.

»Das ist ihre eigene, höchstpersönliche Glaubensüberzeugung. Sie hat die Wahrheit gefunden und fürchtet sich nicht, dieses öffentlich zu bezeugen. Sie können doch deswegen keinen Menschen ins Gefängnis bringen –, es sei denn, es gibt keine Gesetze mehr in Pakistan!«

Darauf wußte unsere Bekannte nichts mehr zu sagen. Sie zuckte die Schultern: »Nun gut, wenn Sie sie mit nach Hause nehmen wollen, es steht Ihnen frei.«

Anis wandte sich mir zu: »Gulshan, du mußt mit mir nach Hause kommen!«

Von diesem Vorschlag war ich nicht gerade begeistert. »Warum soll ich mit zu dir gehen?« fragte ich. »Hier im Gefängnis ist es besser als bei dir zu Hause.«

»Warum sagst du so etwas?« wollte Anis wissen. Sie sah gekränkt aus.

»Weil dein Mann Jesus verspottet und das Kreuz schmäht. Ich will das nicht wieder anhören müssen. Hier im Gefängnis haben die Frauen auf mich gehört und ihre Sünden Jesus bekannt. Hier kann ich wenigstens etwas Nützliches tun.«

Meine Schwester umarmte mich mit Tränen in den Augen. »Wie hast du Jesus doch so lieb!« sagte sie.

»Ich würde mein Leben für Jesus geben«, erwiderte ich wahrheitsgemäß. Alles, was bisher geschehen war, hatte nur dazu gedient, meinen Glauben an Christus zu stärken. Ich hatte durch viele dunkle Tunnel der Verzweiflung gehen müssen, aber in der Dunkelheit hatte ich jedesmal ein Licht gesehen.

Anis erwiderte: »Ich habe Jesus auch lieb. Ich möchte mehr von Ihm lernen, und du sollst mir dabei helfen.«

Dann berichtete sie mir, was in der Zwischenzeit geschehen war. Am gleichen Tag, als ihr Mann mich aus dem Haus gewiesen hatte, war er in einen Verkehrsunfall verwickelt worden und hatte einen Monat im Krankenhaus zubringen müssen. Darum hatte Anis auch nicht früher ausfindig machen können, wo ich verblieben war, da sie natürlich zunächst ihrem Mann gegenüber Verpflichtungen hatte.

Sie fuhr fort: »Er wird dir jetzt bestimmt nichts mehr tun. Ich habe seine Erlaubnis, dich mit nach Hause zu bringen.«

Wie schnell können sich Dinge ändern! Gerade noch hatte ich mit den schlechtesten Frauen der menschlichen Gesellschaft zusammen in einer Gefängniszelle gesessen – und sogar Freude an der Gemeinschaft mit ihnen gehabt. Nur eine Stunde später lag ich bei meiner Schwester in ihrem wunderschönen Haus in Satellite Town, Rawalpindi, in der Badewanne und ließ den gesamten Schmutz des vergangenen Monats von meinem Körper abweichen. Dienerinnen standen mir zur Verfügung, die nur darauf warteten, mir jeden Wunsch zu erfüllen. Ich fragte mich nur, wie lange es dieses Mal dauern würde, bevor ich wieder weiterziehen mußte, weil ich es einfach nicht fertigbrachte, hinsichtlich meines Glaubens an Christus zu schweigen.

Kapitel 12

Der Versucher

Rückblickend kann ich wohl sagen, daß die Zeit, die ich bei meiner Schwester und meinem Schwager in Rawalpindi verbrachte, zu den glücklichsten meines Lebens gehört, seitdem ich Christ geworden bin. Anis wußte nicht, was sie mir alles Gutes tun sollte, und auch ihr Mann war freundlich zu mir, wenn auch auf etwas gedämpftere Art und Weise. Ich war wieder Teil meiner Familie und wurde mit Liebe und Rücksichtnahme behandelt.

Zum Haushalt gehörten verschiedene Dienstboten – zwei oder drei Dienstmädchen, ein Verwalter, ein Koch und ein Fahrer. Der Sohn des Kochs arbeitete im Garten. Ich brauchte nicht mehr selber Wäsche auszubessern oder Tische zu scheuern. Mein Dienst bestand jetzt vielmehr darin, meine beiden kleinen Nichten zu unterhalten, und ich tat es auf die gleiche Art und Weise, wie Anis sich früher mit mir beschäftigt hatte –, indem ich ihnen Geschichten erzählte. Es machte mir viel Freude.

Gleichzeitig stellte ich fest, daß ich die Dienstmädchen mit Sympathie und Mitgefühl ihre vielen Haushaltspflichten erfüllen sah. Was gab es da nicht alles zu tun: abwaschen, Fußböden reinigen, Wäsche waschen, schrubben, putzen, saubermachen, bohnern, Staub wischen, Tische decken und abräumen, ordnen, aufräumen. Ich konnte jetzt sogar mit einem Lächeln danke sagen für die Dienste, die sie mir erwiesen. Das kostete nichts und machte doch die Mädchen glücklich.

Wir schlossen uns sehr eng aneinander an, meine Schwester und ich, die wir jetzt ja auch Schwestern in Christus waren. Zwei bis drei Stunden am Tag verbrachten wir damit, gemeinsam die Bibel zu studieren. Einen grundsätzlichen Tatbestand erfaßte Anis sehr schnell. Man konnte sich mit der Bibel auf eine Art und Weise vertraut machen, wie es bei dem Koran niemals möglich gewesen war. Dadurch, daß wir sie in unserer Muttersprache lesen konnten, war alles Mysteriöse wie weggewischt. Man konnte sie wie ein ganz normales Buch lesen und von einem anderen Gesichtspunkt aus einige der Geschichten betrachten, die zur moslemischen und auch zur jüdischen Überlieferung gehörten. Dabei merkte man jedoch sofort, daß es hier um viel mehr ging: um die unmißverständliche Autorität der Wahrheit, des Wortes Gottes.

Anis meinte: »Was sind das für wunderbare Worte. Sie geben einem wirklich Trost.« Dabei dachte sie an ihr Baby, das sie verloren hatte.

»Das ist wahr«, erwiderte ich. »Es sind Worte, die direkt von unserem Vater im Himmel kommen. Wie immer man sich fühlt, ob man traurig oder froh ist, man findet seine Situation in den Worten der Heiligen Schrift wieder. Das Wichtigste von allem aber ist, daß man um die Vergebung seiner Sünden weiß und Tag für Tag mit Jesus geht.«

Anis sagte: »Ich spüre, daß Er hier bei uns ist, während wir über Ihn sprechen.«

Daraufhin zeigte ich ihr den Vers: »Wo zwei oder drei versammelt sind in meinem Namen, da bin ich in ihrer Mitte« (Matthäus 18,20). »Wenn wir beten, hört Er zu. Wir haben den göttlichen Lehrer bei uns. Wir verstehen die Bibel, weil Sein Heiliger Geist uns anleitet.«

Blund Schah war von dem neuen Interessengebiet seiner Frau nicht gerade begeistert. »Du brauchst nicht jedem zu erzählen, daß Christus dich von den Toten auferweckt hat. Behalte es für dich!« forderte er sie auf. Ich glaube aber nicht, daß sie in dieser Sache auf ihn hörte.

Um ihretwillen gab ich mir Mühe, nicht überall zu erzählen, daß ich Christ geworden war. Wenn man mich allerdings direkt fragte, berichtete ich gewöhnlich von der Vision, die ich gehabt hatte, und von meiner Heilung. Dann waren die Frager meistens ruhig.

Anis und ihr Mann hatten sehr viele Verwandte und Freunde, und jeden Tag stellten sich irgendwelche Besucher in ihrem schönen Haus ein. Ganz gleich, wie es in anderen Teilen der moslemischen Welt aussehen mochte, die Sitte verlangte es, daß in einem streng schiitischen Haushalt wie dem ihren die grunsätzliche Trennung der Geschlechter beibehalten wurden. Männliche und weibliche Besucher, auch wenn sie zusammen kamen, saßen stets in getrennten Gruppen auf der Veranda oder hielten sich in verschiedenen Salons auf. Es gab Zeiten, in denen ich als Christ ungeduldig wurde über diese Zerteilung der Menschheit; ich wußte ja, daß in einer Gesellschaft, die sich von Jesus Christus zusammengeführt wußte, das Leben sehr gut ohne eine solche Trennung verlaufen konnte. Doch in Pakistan, einem Land, das auf die Ideale des Islams gegründet war, ließ sich jede Seite des gesellschaftlichen Lebens an den Lehren des Korans und deren Auslegung gemäß den überlieferten Schriften messen. Die Spannungen, die dieser Zustand innerhalb des Großstadtlebens mit seiner größeren Kultiviertheit hervorrief, standen mir weitaus deutlicher vor Augen, als das in Jhang der Fall gewesen war. Meine Heimatstadt hatte einen ländlichen Charakter getragen und war in dieser Beziehung etwas rückständig gewesen. Ein Teil von mir verurteilte die alten Bräuche und Vorurteile. Der andere Teil dagegen fand immer noch Gefallen an dem entspannenden Genuß weiblicher Gesellschaft und weiblichen Geplauders, ungestört von der Anwesenheit irgendwelcher Männer.

Wie beruhigend war es doch, alle die kleinen, nichtssagenden Dinge zu erfahren, wer wen heiraten würde, wessen Kinder krank oder gesund waren, was sie in der Schule lernten und welchen Beruf sie einmal ergreifen würden. Auch die Mädchen erhielten heutzutage eine gute Schulbildung, und manche gingen anschließend sogar zur Universität. Doch wenn es dann darum ging, den passenden Beruf für sie zu finden, war das nicht immer leicht und oft auch gar nicht erwünscht. Eine Tochter konnte wohl Frauenärztin, Lehrerin an einer Mädchenschule oder Krankenschwester werden. Schwieriger wurde es, wenn sie eine Stelle antreten sollte, wo sie vielleicht mit Männern zusammenarbeiten mußte, wie beispielsweise in einem Büro. Doch wurde es auch immer problematischer, die Mädchen nach ihrer Ausbildung zu Hause zu behalten, bis sie verheiratet werden konnte, da so viele junge Männer den Gedanken an eine Hochzeit aufschoben, solange sie im Ausland studierten oder sich in der Ausbildung befanden. Überall war der Widerspruch zwischen dem religiösen Ideal und der tatsächlichen

Situation präsent. Natürlich wurde heutzutage jede Familie mit diesen Problemen konfrontiert. Man machte verderbliche Einflüsse aus dem Westen für den Niedergang der Normen und Werte verantwortlich und wandte sich dann aufatmend wieder erfreulicheren Betrachtungen zu, indem man vom Baum der Träume die besten und schönsten Zukunftsaussichten für die eigenen Söhne und Töchter pflückte. Ich hörte den Gesprächen der Frauen zu, und es war mir viel mehr als früher bewußt, daß diese Träume nichts weiter waren als zerbrechliche Blütenknospen, die beim ersten rauhen Wind weggeblasen werden konnten. Die Spannungen würden nicht von selbst verschwinden. Allerdings ahnte damals keiner von uns etwas davon, daß das Jonglieren zwischen der Logik des Lebens und der Logik der Religion sich auf höherer Ebene wiederholen und schlußendlich zu einer Explosion führen würde.

Anis kleidete meine Gedanken in ihre eigenen Worte: »Sie machen sich Sorgen um die Kinder, aber wo führt ihr eigenes Leben hin?«

Die Sinnlosigkeit eines Lebens voller Religion, aber ohne Christus überwältigte sie manchmal geradezu.

Meine Erfahrungen als vormaliger Moslem und jetziger Christ zeigten mir, wie stark und sicher das Fundament war, das nun mein Leben trug. Für mich hing das Glücklichsein nicht mehr davon ab, daß meine persönlichen Wünsche erfüllt wurden, sondern daß ich mich im Willen Gottes wußte. So gab ich mich auch nicht einen Moment der Illusion hin, die gegenwärtige friedliche Übergangszeit werde für immer andauern. Und ich sollte recht behalten.

Im November erfuhr ich, daß mein Schwager im Interesse seines Busunternehmens für einige Zeit von Rawalpindi nach Lahore ziehen werde.

»Wir müssen alle mit«, sagte Anis. »Und zwar sollen wir bei Alim Schah wohnen.«

Ich war sehr bestürzt über diese Nachricht.

»Oh, das tut mir leid, aber ich kann nicht mit euch nach Lahore gehen. Unser Bruder Alim Schah hat mir klipp und klar gesagt, daß seine Tür für mich verschlossen ist, weil ich Christ geworden bin.«

Anis verzog das Gesicht wie ein kleines Kind, das anfangen will zu weinen. »Ich brauche aber deine Gebete und deine Unterstützung so nötig. Wenn Alim Schah dich nicht aufnimmt, miete ich mir selber einen Bungalow und ziehe mit dir dort ein.«

»Und was würde dein Mann dazu sagen? Ich glaube, er würde sich scheiden lassen.« Ich nahm Anis tröstend in die Arme und versprach ihr, mit ihnen zu fahren. Wir mußten einfach abwarten, wie mein Bruder auf mein Erscheinen reagieren würde.

Am 28. November um 4 Uhr nachmittags fuhren wir im Wagen meines Schwagers los, und das Gepäck kam per Bahn nach.

»Ich freue mich sehr, dich zu sehen! Du bist mir in meinem Haus herzlich willkommen!«

Es war mein Bruder Alim Schah, der so sprach. Ich wollte meinen Ohren nicht trauen. Es war so, als ob die harte Auseinandersetzung am Telefon niemals stattgefunden hätte.

Anis und ihre Familie zogen vorübergehend bei Alim Schah ein, bis sie ein Haus finden würden. Ich erhielt ein schönes Zimmer, und auch eine Dienerin stand mir zur Verfügung.

Völlig unerwartet sagte mein Bruder: »Ich weiß, daß du hier Freunde besitzt. Ich habe meinen Fahrer angewiesen, dich überall hinzubringen, wo du hin möchtest.«

Ich bedankte mich herzlich, konnte aber ein Gefühl innerer Unruhe nicht loswerden. Es war zu schön, um wahr zu sein.

Als der Sonntag kam, bat ich den Fahrer, mich zur Methodistenkirche in der Warris Road zu bringen. Der Pastor schüttelte mir am Eingang freundlich die Hand. Auch die Gemeindeglieder begrüßten mich herzlich, aber keiner fragte: »Wie geht es dir? Wo bist du gewesen? Brauchst du irgend etwas?« So sprach ich mit keinem über meine Nöte, sondern vertraute sie wie immer Gott an, der alleine in der Lage war, sie zu lösen.

Es war einige Monate später. An einem schönen Maiabend saß ich betend in meinem Zimmer und hatte die Bibel offen auf dem Schoß liegen. Plötzlich hörte ich knarrende Fußtritte und öffnete die Augen. Alim Schah saß mir gegenüber und beobachtete mich mit lächelndem Gesicht. Ich fühlte eine nervöse Spannung und mußte unwillkürlich an einen Tiger denken.

»Ich hoffe, es gefällt dir hier in meinem Haus«, begann er in überaus freundlichem Ton. »Ich hoffe, du verstehst dich mit meiner

Frau und kommst gut mit meinen Kindern aus. Ich hoffe auch, daß die Dienstboten dir keinen Grund zur Klage geben.«

»Ich fühle mich hier ausgesprochen wohl.« Es war mir ernst mit dem, was ich sagte.

»Wir haben dich sehr lieb und möchten, daß du immer bei uns bleibst. Ich habe bereits geplant, dir ein Haus in Gulberg bauen zu lassen.« (Gulberg war ein hübscher, moderner Vorort, etwa acht bis zehn Kilometer entfernt, in dem die besseren Leute wohnten.)

Alim Schah fuhr fort: »Außerdem hätte ich gern, daß du mit mir in Urlaub fährst. Nächsten Monat will ich einige wichtige Plätze des Islams besuchen... Mekka, Medina usw. Möchtest du nicht mitkommen?«

Er sprach wie der Versucher selber. Ich wurde unwillkürlich an den Vers erinnert: »Dies alles will ich dir geben, wenn...« (Matthäus 4,8-9).

»Ich habe nichts dagegen, mit dir zu fahren«, gab ich zurück, »aber das wird nichts an meinem Glauben ändern.«

Als hätte er nichts gehört, nahm mein Bruder die Bibel von meinem Schoß und sah nachdenklich auf die aufgeschlagenen Seiten nieder.

»Alles, was ich von dir haben möchte für die vielen wunderbaren Dinge, die ich dir geben werde, ist dieses Buch. Gib mir deine Bibel, und ich bringe sie zurück in den Bibelladen, damit du nicht mehr darin lesen kannst. Und hör auf, in die Kirche zu gehen, dann gebe ich dir alles, was du haben willst.«

Ich sagte laut: »Psalm 119, 105: ›Dein Wort ist meines Fußes Leuchte und ein Licht auf meinem Wege.‹ Die Bibel ist Gottes Wort, und sie zeigt mir den Unterschied zwischen richtig und falsch. Ich gebe sie dir nicht... sie ist Teil meines Lebens!«

Ich sah, daß er ärgerlich wurde. Rasch fuhr ich fort: »Ich kann auch nicht aufhören, zur Kirche zu gehen, denn sie ist Gottes Haus. Die Braut macht sich bereit, weil der Bräutigam bald kommen wird. ›Wer aber mich vor den Menschen verleugnen wird, den werde auch ich verleugnen vor meinem Vater, der in den Himmeln ist‹ (Matthäus 10,33)«

Bei diesen Worten sprang Alim Schah auf und warf mit der Bibel nach mir. »Vor Sonnenaufgang verläßt du mein Haus!« schrie er. »Ich will dich nie wieder sehen!«

Der Köder war ausgelegt worden. Die Falle war zugeschnappt, aber leer geblieben. Das Opfer war entkommen.

Den ganzen Abend über bekam ich niemanden mehr zu Gesicht. Schweren Herzens legte ich mich schlafen. Am nächsten Morgen herrschte »dicke Luft«. Meine Schwägerin sprach kein einziges Wort mit mir. Mein Bruder ließ sich überhaupt nicht blicken. Auch von Anis und ihrem Mann sah und hörte ich nichts. Die Dienstmädchen stellten wortlos das Frühstück auf den Tisch und verschwanden wieder.

Traurigen Herzens packte ich vier oder fünf Kleider, die Anis mir genäht hatte, in meinen Koffer. Die kostbaren Sachen, die ich von Alim Schah erhalten hatte, ließ ich hängen, weil er gedroht hatte: »Nimm ja nichts aus meinem Haus mit!«

Mein Koffer stand im Flur, und ich wollte ihn gerade holen, als ich Safdar Schah auf mich zukommen sah. Ich hatte ihn nicht mehr gesehen, seit ich aus Jhang fortgegangen war, aber die fröhlichen Begrüßungsworte blieben mir im Hals stecken, als ich seine eisige Miene gewahrte und bemerkte, was er in der Hand trug. Es war ein Gewehr.

Er packte mich beim Handgelenk und zog mich die Treppe hinunter in den Keller. »Setz dich dorthin und beweg dich nicht!« befahl er. Ich gehorchte. Safdar Schah schreckte, wenn er in Wut geriet, auch vor Grausamkeiten nicht zurück. Er ging fort, um Alim Schah zu holen. Im Haus herrschte tödliches Schweigen; jeder schien von Furcht erfaßt zu sein.

Meine Brüder kamen zusammen nach unten, mit harten, versteinerten Gesichtern. Mein Herz klopfte zum Zerspringen, und meine Knie schlotterten, trotzdem versuchte ich, auf einem Sofa sitzend, ruhig zu erscheinen.

Meine Brüder saßen mir gegenüber, nur ein Tisch trennte uns voneinander. Ich versuchte, in ihre haßerfüllten Augen zu schauen, aber sie sahen in sich hinein, als bemerkten sie meine Blicke überhaupt nicht. Safdar Schah reichte seinem Bruder Alim Schah das Gewehr.

»Mach diesem Fluch der Familie ein Ende!« knirschte er.

Alim Schah ergriff die Doppelflinte und richtete sie ganz langsam auf meinen Kopf. Mit stiller Verzweiflung sagte er:

»Warum willst du sterben? Du brauchst nur zu sagen, daß du Jesus nicht mehr als Sohn Gottes anerkennst und daß du aufhören willst, in die Kirche zu gehen. Dann werde ich nicht schießen, und du hast dein Leben gerettet.« Sein Gesicht sah im Schein der Neonbeleuchtung verstört und aschfahl aus. Ich bemerkte den furchtbaren Zwiespalt, in dem er sich befand; seine Liebe zu mir, seiner Schwester, kämpfte mit der Liebe zu all dem, was mein Vater ihn gelehrt hatte.

Auch für mich war es ein schrecklicher Augenblick. Ich war, wie alle Mohammedanermädchen, so erzogen worden, daß ich meinen Brüdern stets mit der größten Hochachtung begegnete. Nie hatte ich mich ihnen widersetzt, bis Jesus in mein Leben gekommen war. Auch wäre es mir nie eingefallen, ihnen freche Antworten zu geben, denn ich wußte, daß ich mich auf ihre Liebe und Achtung verlassen und auch mit ihrem Schutz rechnen konnte, wenn das nötig war. Mein Vater hatte ihnen zudem die feierliche Verpflichtung abgenommen, für mich zu sorgen, aber er hatte gewiß nie an eine solch kritische Situation gedacht, wie sie jetzt entstanden war. Sie waren hin- und hergerissen zwischen Liebe und Pflichterfüllung.

Trotzdem gab es für mich kein Zurück, jetzt nicht mehr.

»Kannst du dafür garantieren, daß ich nicht sterbe, wenn du nicht auf mich schießt? Im Koran steht doch, daß jeder Mensch, der geboren wird, sterben muß. Deshalb schieß ruhig! Ich habe nichts dagegen, im Namen Christi zu sterben. In meiner Bibel steht geschrieben: ›Wer an mich glaubt, wird leben, auch wenn er gestorben ist‹ (Johannes 11,25).«

Das Gewehr in der Hand meines Bruders fing an zu zittern. Schließlich ließ er es sinken.

In die entstandene Stille hinein sprach Safdar Schah: »Wir wollen diese Christin lieber nicht töten und dann noch die Schuld dafür zugeschoben bekommen. Sie ist sowieso bereits ein Fluch für uns. Wirf sie hinaus!«

Sie stießen mich vor sich her die Treppe hinauf. Ich ergriff meinen Koffer, der im Flur stand, und ging zur Tür hinaus. Müde drehten sich meine Brüder um und gingen zurück ins Innere des Hauses.

»Keiner Waffe, die wider dich gebildet wird, soll es gelingen.« Ich wußte zwar, wo ich diesen Vers gelesen hatte (Jesaja 54,17), aber ich hatte nicht geahnt, daß er so genau auf mein Leben zutreffen würde.

Kapitel 13

Die Kerze

»Wohin soll ich gehen, Vater?« Ich stand allein und verlassen an der Samanabad Road, bemüht, die Tränen zurückzuhalten. Der Schmerz und die seelische Erschütterung über das, was ich soeben erlebt hatte, gingen tief. Ich schaute die Straße auf und ab, ob Gott mir nicht einen Fingerzeig geben würde, was ich als nächstes tun solle. Aber die Asphaltstraße war ohne Verkehr, und die stattlichen Bungalows zu beiden Seiten schliefen in der blassen Morgensonne noch hinter hohen Mauern, die nichts von dem Leben des Wohlstandes, das sich in ihrem Innern abspielte, nach außen dringen ließen. Beinahe ohne zu überlegen, wandte ich mich nach rechts und ging den gepflasterten Fußweg entlang auf die Busstation zu, die einen guten Kilometer entfernt lag. Als ich sie erreicht hatte, stand mein Entschluß fest – John und Bimla Emmanuel würden mich aufnehmen.

John Emmanuel, ein bei der Stadt angestellter Gärtner, wohnte in der Medina-Siedlung, zusammen mit seiner Frau und vier von fünf Kindern. Die Familie gehörte zur Gemeinde in der Warris Road. Sie hatten mich ein- oder zweimal zu sich eingeladen, und ich hatte mich in ihrem Heim sehr wohlgefühlt, wo wir uns frei über den Herrn und Seine heilende und rettende Kraft unterhalten konnten. »Du kannst jederzeit zu uns kommen«, hatten sie mir versichert, »unser Haus steht dir immer offen.«

Bei der Busstation gab es verschiedene Transportmittel zur Auswahl. Ich nahm eine Riksha nach Muzang Chungi, wo ich in einen Minibus stieg, der zufällig nach Gurumangat fuhr. Von hier aus war es nur noch ein kurzer Fußweg über die Bahngleise zur Medina-Siedlung.

Vorsichtig suchte ich mir einen Weg auf dem ausgefahrenen, staubigen Pfad, der zwischen den Häusern entlangführte, immer bemüht, den offenen Abwassergräben auszuweichen, die in ein ebenfalls offenes Sammelbecken (*houdi*) in der Nähe führten. Bei John Emmanuels Haus angekommen, ergriff ich das Ende der *kunda,* die draußen hing, und klopfte damit an die hölzerne Doppeltür in der hohen Mauer. Kurz darauf öffnete Bimla die Tür, sah mich überrascht an und forderte mich dann freundlich auf einzutreten.

Ich erzählte ihr kurz, was sich zugetragen hatte, und bat sie, mich vorübergehend bei sich aufzunehmen. Sie bemerkte, daß ich zitterte, und nahm mich liebevoll in die Arme. »Du bist uns herzlich willkommen. Was wir haben, wollen wir gern mit dir teilen.«

Als John Emmanuel spätnachmittags auf seinem Fahrrad nach Hause kam, hörte er sich voller Anteilnahme meine Geschichte an: »Mach dir bitte keine Sorgen, ich bin doch dein Bruder in Christus«, versicherte er mir. »Merkwürdig, daß ich mich mit Menschen, die gar nicht zu meiner Verwandtschaft gehören, so sehr eins fühlen kann«, dachte ich, glücklich über sein Interesse. Es schien, daß die Bande, die die wahren Nachfolger Christi miteinander verbanden, dicker und stärker waren als Bluts- oder Ehebande.

Das Haus, das die Familie zur Miete bewohnte, war recht klein. Es hatte nur ein Wohnzimmer mit einer Veranda davor. Auf der einen Seite dieser Veranda befand sich die Küche, auf der anderen die Toilette. Ich überlegte, wo wir alle schlafen sollten, und erfuhr, daß ich mit den Kindern zusammen – das älteste war ein achtjähriges Mädchen – mein Nachtlager auf der Veranda aufschlagen würde. Sie war mit Jalousien ausgestattet, um bei kälterem Wetter einen zusätzlichen Raum abzugeben. John und Bimla schliefen im Hof, wie es in großen Familien, die nur kleine Häuser hatten, üblich war. Ums Haus herum gab es weder einen Rasen noch Blumenbeete; es fehlte einfach der Platz, irgend etwas anzupflanzen. Der Hof war mit einer Wand aus Lehm und Stroh eingefaßt, und diese hatte man weiß gekalkt. So war daraus praktisch ein Anbau geworden. Allerdings gab es im Haus ein paar Blumentöpfe mit Pflanzen darin, die diesem eine etwas gemütlichere Atmosphäre verliehen. Alles in allem eine sehr bescheidene Unterkunft, verglichen mit dem Komfort, den ich früher besessen hatte. Trotzdem war es wunderbar, ungehindert meine Bibel hervorholen und in aller Öffentlichkeit lesen zu können. Auch die Zeiten des Gebets und der gemeinsamen Bibellese mit John und Bimla genoß ich sehr, hatte ich dafür doch dem Tod ins Angesicht geblickt.

In jener ersten Nacht, als ich, nur mit einem Laken bedeckt, dort draußen auf meinem *charpai* lag, konnte ich allerdings kaum schlafen. Die ungewohnte Umgebung, die Gedanken, die mir unaufhörlich im Kopf herumwirbelten, und die vielen fremden Geräusche der Nacht drangen gewaltsam auf mich ein. Die Leute in der Siedlung gingen früh zu Bett, weil sie bereits kurz nach Sonnenaufgang wieder aufstehen und sich für den Weg in die Stadt bereit machen mußten, wo die meisten von ihnen arbeiteten. Doch als der Lärm des Tages nachgelassen hatte und das Stimmengewirr an den Wasserzapfstellen verstummt war, drangen in der nun entstandenen tiefen Stille andere Geräusche an mein Ohr, deren Ursprung ich ergründen mußte.

Da war das Quiecken und Scharren der Ratten. Auf der Rückseite der Häuser waren durch verstopfte Abflüsse große Wasserlachen entstanden, in denen sich vergnügt lärmende Froschfamilien tummelten, während die Grillen im angrenzenden Gebüsch unaufhörlich zirpten. Ich hatte kein Moskitonetz, um mich vor den surrenden Plagegeistern zu schützen, die in Massen um mich herumtanzten. Das leise Rascheln in dem geflochtenen Strohdach der Veranda über mir ließ die Frage aufkommen, ob es Eidechsen oder Kakerlaken waren, die da im Begriff waren, sich auf meinen Kopf fallen zu lassen. Ich beneidete die Kinder um ihren festen, ungestörten Schlaf. Je länger ich mich auf meinem Lager herumwälzte, desto lauter wurden ihre sanften Atemzüge, bis sie mir vorkamen wie das Brausen des Meeres in der Ferne.

Mit größter Willensanstrengung verstopfte ich mir die Ohren und wandte meine Blicke dem Stückchen Himmel zu, das ich durch die Ritzen unter dem Verandadach sehen konnte. Ich versuchte, endlich einzuschlafen, indem ich die blinkenden Sterne zählte, aber dadurch wurde ich nur noch wacher. Dann stieg der einsame Mond in mein Blickfeld, der Liebling aller Dichter und verliebten Leute, und warf sein geheimnisvolles Licht auf den Hof. Doch sogleich schien es, als habe ein gebieterischer Wind, eifersüchtig auf Frau

Lunas silberne Schönheit, einige zerfetzte Wolkenschleier herbeigerufen, um ihr Gesicht vor den sehnsüchtigen Blicken der Menschen zu verbergen. Ich verfolgte den Reigen des Mondes und der Sterne, die während der wechselnden Nachtstunden über den Himmel zogen, und spürte, wie die Erschütterungen und Kümmernisse des vergangenen Tages ins richtige Blickfeld gerückt wurden.

Es war einer jener Augenblicke, in denen die Fragen des Lebens deutlich aus dem üblichen Wirrwarr hervortreten, in dem ein Großteil des menschlichen Daseins verläuft. Ich erkannte, daß ich, Gulshan Esther, gehaßt und verstoßen von denen, die eigentlich für mich sorgen sollten, jetzt frei war von allem, was mich belastet hatte. Der Schleier einer von den Vätern geerbten Religion, der mich einst von einem Gott, den niemand kennen konnte, getrennt hatte, war weggezogen worden und hatte mir den Vater im Angesicht Jesu Christi, meines Herrn, geoffenbart. Der Pfad der Christusnachfolge lag klar erkennbar vor meinen inneren Augen, und ich mußte ihn im Gehorsam gehen, ganz gleich, ob er mir angenehm war oder Schmerz bereitete. Doch ich war nicht allein. Neben mir ging einer, der die Macht besaß und mir alles, was ich brauchte, darreichen würde.

Schlaftrunken sah ich die Sterne am blasser werdenden Firmament verschwinden, bis nur noch der leuchtende Morgenstern zu sehen war, der Herold der Morgenröte. Ich dachte an Jesus, den Morgenstern der Hoffnung, den Gott gesandt hatte, um mein Leben hell zu machen. Dabei fiel ich endlich in einen kurzen, aber ruhigen Schlaf.

Ich wurde wach, die Augenlider schwer vom hellen Tageslicht, als Gudu, der vierjährige Sohn meiner Gastgeber, mich am Arm zog. Während ich noch mit meiner Morgenwäsche – das Wasser hatte die Pumpe auf dem Hof geliefert – beschäftigt war, dachte ich über den Plan nach, der sich im Lauf der Nacht in meinen Gedanken herauskristallisiert hatte. Ich mußte unbedingt Arbeit finden, denn ich konnte nicht erwarten, daß meine Freunde mich auf die Dauer unterhielten.

Die Direktorin der Privatschule für Mädchen ließ ihre Blicke prüfend über mich gleiten, als ich ihr in ihrem Büro gegenüberstand. Ich fühlte mich ein wenig verlegen in der Gegenwart dieser vornehm-kühlen, tüchtig wirkenden Frau, die eine Atmosphäre der Autorität um sich verbreitete. Doch auch ich konnte resolut sein. Sie zupfte ihren Schal zurecht und sagte höflich: »Guten Morgen, gnädige Frau! Was kann ich für Sie tun? Haben Sie ein Kind hier in der Schule?«

»Nein, ich habe kein Kind bei Ihnen. Ich bin gekommen, um zu hören, ob Sie vielleicht eine Lehrerin brauchen.«

Ihr Blick, der bisher höflich prüfend auf mich gerichtet gewesen war, machte einem Ausdruck milder Herablassung Platz. Ich konnte sehen, daß ich mir durch meine direkte Frage ein paar Minuspunkte eingehandelt hatte. Ich hätte mich schriftlich bewerben müssen und nicht wie ein Dienstmädchen oder Gärtner persönlich um Arbeit bitten sollen.

»Welche Fächer unterrichten Sie, und was sind Ihre Qualifikationen?«

»Ich kann Urdu, islamische Religionslehre, Geschichte, Geographie und Mathematik unterrichten, jeweils bis zum Abiturstandard.«

Sie sah mich scharf an, als wolle sie ihre Meinung nochmals überprüfen. »Eine perfekte Lehrerin also«, sagte sie. »Aber leider ist die freie Stelle, die ich hatte, bereits besetzt, und somit kann ich Sie nicht einstellen. Indessen, wenn Sie der Sekretärin Ihren Namen und Ihre Adresse dalassen, werde ich mich mit Ihnen in Verbindung setzen, sobald wieder etwas frei wird.«

Sie erhob sich von ihrem Platz hinter dem schweren Schreibtisch, um mich zu verabschieden, aber ich konnte mich nicht entschließen zu gehen. Ich war der Verzweiflung nahe.

»Wissen Sie denn vielleicht, ob es Mädchen gibt, die aus irgendwelchen Gründen zu Hause unterrichtet werden wollen, vielleicht weil sie krank sind oder weil ihre Eltern sie nicht zur Schule schicken möchten?«

»Leider nein. Doch sollte mir ein solcher Fall zu Ohren kommen, werde ich es Ihnen mitteilen, vorausgesetzt, Sie geben der Vorzimmerdame Ihren Namen und Ihre Anschrift an.«

Seit zwei oder drei Wochen war ich regelmäßig in die Stadt gefahren, auf der Suche nach einer Arbeitsstelle. Ich war von Schule zu Schule gegangen und hatte überall meine Qualifikationen angepriesen wie ein Hausierer. Die Adressen hatte ich vom Arbeitsamt bekommen, wo ich die Beamten mit meinem Anliegen in Erstaunen versetzt hatte. Ich war ihnen ein nicht geringes Rätsel –, eine junge Frau aus hoher Kaste, mit Händen, denen man ansah, daß sie nicht an Arbeit gewöhnt waren, und trotzdem allem Anschein nach nicht von ihrer Familie unterhalten.

John und Bimla hatten mir wieder und wieder versichert, daß sie gerne für mich sorgen würden, aber ich wußte ganz genau, daß ich ein weiterer Mund war, den es mit einem einzigen niedrigen Lohn zu füttern galt. Darum betete ich weiter um Arbeit und lief in der glühenden Sonne über die heißen Straßen der Stadt, mit einem Loch in der Schuhsohle. Doch jedesmal, wenn Verzweiflung und Ärger mich übermannen wollten, dachte ich an Jesus, der auch die Straßen entlanggewandert war, um dann am Kreuz für mich zu sterben.

Als ich zum vierten Male beim Arbeitsamt vorstellig wurde, erfuhr ich, daß eine Wochenzeitschrift, deren Büroräume sich in Old Anarkali befanden, eine Reporterin suchte. Der Name Anarkali, was soviel wie »Granatapfelblüte« bedeutet, war mir von einer der tragischen Heldengestalten her bekannt, die es in unserer Geschichte in Hülle und Fülle gibt. Sie wurde auf Befehl eines Großmoguls bei lebendigem Leibe eingemauert, weil sie sich ohne eigene Schuld in ihren Halbbruder Saleem verliebt hatte. »Auch ein armes Mädchen, das Probleme hatte«, dachte ich und versuchte, mich daran zu erinnern, ob Saleem ein ähnlich furchtbares Schicksal ereilt hatte. Höchstwahrscheinlich nicht, da er der Sohn des mächtigen Herrschers war.

Ich hatte die Zeitschrift schon einmal gesehen, wußte, daß sie 24 Seiten hatte und auf dem bunten Titelblatt Fotos von berühmten Leuten zeigte, und daß sie politisch angehaucht war. Mit dem Mut der Verzweiflung bat ich um einen Vorstellungstermin.

Um 10 Uhr am nächsten Vormittag betrat ich die Büroräume des Zeitungsverlages in der ersten Etage in Old Anarkali. Der Chefredakteur war ein hochgewachsener, gutaussehender Mann mit heller Hautfarbe, der einen leichten schwarzen Anzug trug und ein sehr gewinnendes Wesen besaß.

»Bitte, nehmen Sie Platz«, sagte er und wies auf einen Stuhl, der in einiger Entfernung von seinem glänzend polierten Schreibtisch auf dem karierten Teppich stand. Er drückte auf einen Klingelknopf und beauftragte den jungen Mann, der erschien, mir eine kalte Coca-Cola zu holen. Ich bekam sie in einer Flasche mit Strohhalm serviert.

»Es würde mich interessieren zu erfahren, warum Sie überhaupt eine Arbeit annehmen wollen«, begann der Chefredakteur mit einem Lächeln, das seine strahlend weißen Zähne sichtbar werden ließ.

»Ich habe keine Eltern mehr«, erwiderte ich. »Da ich aber eine gute Schulbildung genossen habe, möchte ich mir meinen Lebensunterhalt selbst verdienen.«

Er spielte mit seinem Kugelschreiber, der eine vergoldete Spitze hatte, und ich bemerkte einen leichten Parfumduft, wahrscheinlich von seinem Rasierwasser. »Aber sagen Sie mir doch bitte«, fuhr er fort, »warum Ihre Geschwister nicht für Sie sorgen und Sie arbeiten gehen müssen.«

»Ach, die sind alle verheiratet und haben selber eine Familie, um die sie sich kümmern müssen. Ich möchte ihnen nicht zur Last fallen, sondern mich lieber selber unterhalten.«

Er wollte wissen, ob ich mich sonst schon irgendwo vorgestellt hatte, und ich berichtete ihm von meinen vergeblichen Bemühungen, eine Anstellung als Lehrerin zu finden. Das Licht fiel durch die mit einem Store versehene, blankgeputzte Fensterscheibe direkt auf mein Gesicht, während wir uns unterhielten, und ich sah, daß er mich genau studierte. Dann schien er zu einem Entschluß gekommen zu sein, eigentlich bemerkenswert schnell, wie ich hinterher überlegte.

»Sie können morgen anfangen. Kommen Sie zwischen 8.30 und 9 Uhr ins Büro, und machen Sie sich keine Sorgen –, ich werde Ihnen gewisse Grundsatzfragen sagen, die Sie bei den Interviews stellen können. Natürlich müssen Sie sich voll einsetzen und die Leute in ihren Häusern aufsuchen, manchmal auch in Schulen gehen.«

»Ich habe bereits einige Erfahrung darin, die Leute in ihren Häusern aufzusuchen«, dachte ich im stillen, sprach es aber nicht aus.

Er erklärte mir, daß ich ein Grundgehalt von 100 Rupien monatlich erhalten würde. Dieser Betrag würde mit der Summe verrechnet werden, die die Damen für das Vorrecht bezahlten, ein Interview geben zu dürfen. Der Gedanke dabei war, daß sie, wenn sie Geld dafür bezahlten, alles das sagen konnten, was sie sagen wollten. Von diesem Betrag würde ich zwanzig Prozent erhalten. Es war ein System, das dem Verlag mehr Nutzen brachte als mir persönlich, trotzdem war es zwecklos für mich, lange darüber zu verhandeln.

»Sie sind kein Moslem«, bemerkte er. Es war mehr eine Feststellung als eine Frage.

»Ich bin Christ«, gab ich zurück und wartete einige lange, bange Augenblicke, während er über meine Antwort nachdachte. Endlich steckte er seinen Kugelschreiber wieder in die Brusttasche seiner Anzugjacke, erhob sich von seinem Stuhl und sagte: »Nun gut, das spielt keine allzugroße Rolle. Nach Ihren Worten scheinen Sie eine gebildete Person zu sein, die keine Angst davor hat, mit anderen Leuten zu sprechen.«

Er ging mit mir ins Redaktionsbüro, wo ich drei Reportern, einem Fotografen und einem Kalligraphen vorgestellt wurde. Mir wurde ein eigener Schreibtisch zugewiesen. Es gab noch einen dritten Raum, in dem das Mittagessen eingenommen wurde, das wir gratis erhielten. Hier hatte der *chaprase* oder Bote seinen Arbeitsplatz, der alle möglichen verschiedenen Aufgaben erledigte, sich um die Post kümmerte, Botengänge ausführte, das Mittagessen besorgte und Tee kochte.

Am nächsten Morgen zur festgesetzten Zeit erschien ich an meinem Arbeitsplatz und traf dort mit meinen Kollegen zusammen. Ich war die einzige Frau unter sieben Männern, aber falls ich mir über diesen Punkt vielleicht im voraus Sorgen gemacht hatte, so erwiesen sie sich als völlig unbegründet. Alle behandelten mich mit großer Achtung, und im Redaktionsbüro hieß ich bald nur »Baji« (Schwester). In den nun folgenden vier Tagen lernte ich, soviel ich nur konnte, einschließlich der zehn Grundsatzfragen. Ich wollte und mußte Erfolg haben.

Ich fand bald heraus, daß die Zeitungsartikel im Redaktionsbüro geschrieben und vom Chefredakteur korrigiert wurden, bevor der Kalligraph sie erhielt. Dieser schrieb das Urdu-Manuskript in Spalten auf große Papierbogen. Dann las der Chefredakteur nochmals alles durch, um sicher zu sein, daß sich keine Fehler eingeschlichen hatten, bevor das Ganze zur Druckerei gebracht wurde.

Zu meinen Aufgaben gehörte es, dem Chefredakteur bei der Durchsicht der vom Schreiber angefertigten Manuskriptbogen zu helfen, bevor sie in Druck gingen. Manchmal mußte ich auch mit dem *chaprase* zur Post gehen, um Pakete aufzugeben oder abzuholen.

Wenn die Sendungen mit den neu gedruckten Zeitschriften eintrafen, war es meine Arbeit, diese zu falten und zu adressieren. Ich lernte mit Adressenetiketten und Klebstoff umzugehen und widmete mich mit Feuereifer allen neuen Aufgaben, während ich mit Zittern auf mein erstes Interview wartete. Es sollte mit der Frau des ehemaligen Außenministers stattfinden, der seinen Regierungsposten aufgrund von persönlichen Differenzen mit Mr. Bhutto, dem Ministerpräsidenten, niedergelegt hatte. Das bedeutete, daß ich einige Fragen stellen mußte, die der Dame vielleicht ein wenig zudringlich erscheinen würden, aber der Chefredakteur beruhigte mich und meinte, sie würde wahrscheinlich froh darüber sein, ihre Seite der Geschichte darlegen zu können. Wie gewöhnlich, hatte er recht.

Die Dame empfing mich freundlich in ihrem Privatgemach und bat mich, Platz zu nehmen. Meine Gedanken eilten zurück zu jener anderen freundlichen Dame, die mich zu guter Letzt ins Gefängnis gebracht hatte. Ich muß bekennen, daß es mir eine gewisse Befriedigung verschaffte, diesmal als Mitarbeiter der Presse auftreten zu können und dadurch über ein bißchen mehr Macht zu verfügen als damals. Jetzt war ich es, die die Fragen stellen konnte.

Ich schnurrte also meine zehn Fragen herunter, eine nach der anderen: »Warum ist Ihr Gatte zurückgetreten?« »Sind Sie froh darüber?« »Wo haben Sie Ihre Schulbildung erhalten?« usw. usw.

Es waren keine tiefschürfenden Dinge, die ich wissen wollte, aber allein die Tatsache, daß eine Frau von einer anderen Frau interviewt wurde und das Ergebnis von Tausenden von Menschen im ganzen Land gelesen werden würde, sprach Bände hinsichtlich der Veränderungen, die zu jener Zeit in unserer Gesellschaft vor sich gingen.

Altaf, der Fotograf, begleitete mich zu diesem Interview und auch zu den anderen. Das bedeutete für mich einen gewissen Schutz, und ihm machte es ausnehmend viel Spaß, verschiedene Frauen kennenzulernen. Die eine Häfte seiner Volksgenossen war ja im allgemeinen noch immer vor aller Augen verborgen und wurde als das persönliche Eigentum der anderen Hälfte betrachtet. Die modernen Ideen, die sich langsam hier und dort durchzusetzen begannen, hatten noch einen weiten Weg zurückzulegen, bis sie einmal ein wirkliches Gegengewicht gegen die Tradition bilden konnten, die die große Masse der Männer und Frauen noch immer im Griff hatte, die Reichen und Gebildeten ebenso wie die Armen und Ungebildeten.

Doch auch in anderer Hinsicht erwies sich Atlaf als sehr nützlich. Die Dame warf ganz nebenbei einige englische Worte ein, während sie aus ihrem Leben erzählte. Das machte mich sehr verlegen, denn das frühe Verbot meines Vaters hatte mir diese Sprache vorenthalten, obwohl ich sie jetzt, in einer Gesellschaft, in der sie als Kennzeichen der richtigen Art von Erziehung und Ausbildung gewertet wurde, dringend gebraucht hätte. Doch mein Begleiter raunte mir leise die Übersetzung zu. Er stellte auch selber noch ein paar weitere Fragen, als mir nichts mehr einfiel.

Als ich mit meiner Befragung fertig war, wollte die Dame etwas von mir wissen:

»Welche Ausbildung haben Sie genossen?«

»Eine, die gerade genügt, um Sie zu interviewen«, gab ich zur Antwort. Sie lachte.

»Es kommt nicht oft vor, daß man einer wirklich gebildeten Dame begegnet«, meinte sie.

Als mein Artikel in der Zeitschrift erschien, ordnungsgemäß überarbeitet vom Chefredakteur, stand mein Name, Gulshan, unter der Überschrift. Den christlichen Namen Esther hatte er nicht hinzufügen wollen. Die Dame, die das Interview gegeben hatte, bezahlte 700 Rupien, von denen ich zwanzig Prozent, also 140 Rupien, erhielt. Ich gab John Emmanuel 100 davon und behielt die 40 für mich. Zuerst wollten meine Gastgeber das Geld nicht annehmen, aber ich bestand darauf.

»Wir sind sehr froh, daß Gott dir in dieser Weise geholfen hat«, meinten sie. Ich selber war genau so froh. Zum ersten Mal in meinem Leben war es mir gelungen, wirklich Geld zu verdienen und mich mit der Ausbildung, die ich erhalten hatte, selber über Wasser zu halten. Beinahe unmerklich verschwanden die zornigen Gesichter meiner Brüder im Hintergrund.

Ein andermal war ich zum Interview bei der Direktorin der Staatlichen Höheren Mädchenschule in Lahore angemeldet. Ich war ein wenig ängstlich und fürchtete, in Gegenwart einer so klugen Frau, die in ihre Autorität wie in einen *burka* eingehüllt war, beim Fragen laufend Fehler zu machen. Doch Atlaf, der Fotograf, beruhigte mich:

»Sagen Sie ihr, sie möchte bitte alles genau erklären, damit die Leser es verstehen. Hören Sie aufmerksam zu und schreiben Sie alle Antworten der Dame nieder. Sie brauchen keine Angst davor zu haben, einfache Fragen zu stellen. Vielen von Ihren Lesern wird es besser gefallen, wenn Ihr Artikel nicht zu kompliziert ist.«

Das war wirklich ein guter Rat. Einfältig, wie ich war, saß ich der Direktorin gegenüber und ließ mich von ihr über den Unterschied zwischen einer Privatschule und einer staatlich gelenkten Schule belehren. Ein deutlicher Vorteil der letztgenannten Schulform war nach Ansicht der Dame der Umstand, daß sie freier schalten und walten konnte. Bei den vorherigen Betreibern der Schule war sie häufig herumkommandiert worden, außerdem hatte man das Schulgeld laufend erhöht. Ein Nachteil bestand darin, daß jetzt weniger Räumlichkeiten zur Verfügung standen. Zusätzlich zu ihren Ausführungen schrieb ich mir Stichpunkte über das Büro auf, in dem das Interview stattfand, über die Dame selber, über die Lehrer, denen ich ebenfalls vorgestellt wurde, über den Zustand der gesamten Schule sowie über das Aussehen der Schülerinnen.

Der Fotograf hatte viel Spaß an dem Interview, denn er wurde aufgefordert, alles zu fotografieren, was er wollte, auch die Mädchen. Sie sahen wirklich hübsch aus in ihren Schuluniformen, dem weißen *shalwar kameeze* mit dem blauen *dopatta* darüber. Anscheinend war dieses Erlebnis für sie etwas ganz Neues, denn sie kicherten beinahe ununterbrochen und hielten sich dabei ihren *dopatta* vor den Mund.

Mein Artikel brachte mir ein Lob vom Chefredakteur ein; »nicht übel«, meinte er. Er war kein Mensch, der leicht in Verzückung geriet. Drei Tage, nachdem der Bericht erschienen war, suchte ich die Direktorin nochmals auf, um die restliche Summe Geldes abzuholen, die sie der Zeitung schuldete. Einen Teil bezahlten die Interviewten jeweils im voraus. Ich stellte fest, daß die Dame inzwischen neugierig geworden war, was meine Person betraf, weil eine der Lehrerinnen, eine Christin, ihr einiges über mich erzählt hatte.

»Warum sind Sie Christ geworden? Ich würde Ihnen gerne helfen, zum moslemischen Glauben zurückzukehren«, meinte die Direktorin. Vor der gesamten Lehrerschaft berichtete ich ihr einiges aus meinem Leben und erklärte ihr, wie ich Christ geworden war. »Sie scheinen sehr pflichtbewußt zu sein und einen starken Glauben zu haben«, war alles, was die Schulleiterin darauf zu sagen wußte.

Langsam wich bei mir die Nervosität, weil keine Pannen beim Schreiben auftraten. Die Arbeit fiel mir immer leichter, und ich gewöhnte mich langsam daran, meinen Namen über den Artikeln in der Zeitschrift zu lesen. Es war schon ein merkwürdiges Gefühl, daran zu denken, daß überall in Pakistan Menschen meine Worte lesen konnten. Möglicherweise wurde bei manchem jungen Mädchen sogar der Ehrgeiz geweckt, sich ebenfalls in dieser Hinsicht zu versuchen, wenn sie merkten, was eine ihresgleichen erreichen konnte. Dabei hatte ich, ihr großes Vorbild, in Wirklichkeit Gedanken und Wünsche, die in eine ganz andere Richtung verliefen: Ich wollte Gott dienen und Seinen Willen tun. Warum war ich eigentlich hier bei der Zeitung? Diese Arbeit paßte so ganz und gar nicht mit dem zusammen, was bisher geschehen war. Wohl hatte mich mein Pilgerweg hierher geführt, aber aus welchem Grunde? Es war mir wirklich ein Rätsel, und ich beschäftigte mich oft mit dieser Frage. Doch gewöhnlich gab ich es bald auf, mir den Kopf darüber zu zerbrechen, sondern lebte einfach von Tag zu Tag in den zwei separaten Hälften meines Lebens, der äußeren und der inneren, dem Arbeitsleben und dem Gebetsleben.

Doch meine Kollegen wußten, daß ich anders war als sie. Nach ungefähr zwei Wochen hatten sie erfahren, daß ich Christ war, obwohl ihnen nicht bekannt war, daß ich früher dem Islam angehört hatte. Manchmal machten sie sich über meinen Glauben lustig: »Sie glauben ja an drei Götter«, meinten sie lachend. Ich versuchte, ihnen zu erklären, daß das nicht der Fall war. »Es gibt nur einen Gott«, sagte ich, »aber Er offenbart sich in dreifacher Gestalt – Vater, Sohn und Heiliger Geist. Jesus Christus ist der Sohn Gottes und nicht nur ein Prophet, und der Heilige Geist wurde zu Pfingsten auf die Erde gesandt, um in den Gläubigen Wohnung zu nehmen und durch sie Christus auszuleben, indem Er sie unterweist und heilig macht.« Doch die Kollegen waren von Kind auf einer ständigen Gehirnwäsche ausgesetzt gewesen, indem man ihnen beigebracht hatte, daß das Christentum weniger wert sei als ihre reine, monotheistische Religion. Wie konnte ich sie vom Gegenteil überzeugen? Trotzdem fiel mir auf, daß keiner der Büroangestellten die mittägliche Gebetszeit einhielt, und ich fragte mich, wieviel ihnen ihr Glaube wirklich wert war.

Die Trennwände zwischen den Büros bestanden aus Preßpappe, und der Chefredakteur machte gewöhnlich der Hänselei ein Ende, indem er hereinkam und die Männer ausschimpfte: »Hören Sie auf, sie zu ärgern! Sie ist die einzige Frau hier, und Sie dürfen nicht so böse zu ihr sein.«

Eines Tages stieg ich nach Arbeitsschluß um 4 Uhr nachmittags die Treppe hinunter, um nach Hause zu gehen, als Mr. Yousef, der Besitzer des Süßwarenladens neben der Zeitungsredaktion, mich anrief.

A salaam al laikum (Friede sei mit Ihnen)«, grüßte er mich. Ich blieb stehen und wartete, bis er mich eingeholt hatte. »*Wah laikum salaam* (mit Ihnen auch)«, erwiderte ich.

»Gnädige Frau«, fuhr er fort, »ich habe Sie schon öfter vorbeigehen sehen und nehme an, daß Sie ein gebildeter Mensch sind, weil Sie bei der Zeitung arbeiten. Ich suche einen Lehrer für meine drei Kinder, und mir kam der Gedanke, ob Sie sie vielleicht nachmittags nach Ihrer Arbeit unterrichten könnten. Über die Bezahlung werden wir uns bestimmt einig.«

Ich überlegte. Mein Gehalt war nicht gerade berühmt, weil ich nur ein- oder zweimal im Monat zu Interviews unterwegs war. Meine männlichen Kollegen waren laufend draußen tätig, manchmal sogar außerhalb von Lahore. Ich folgte Mr. Yousef in seine Wohnung und lernte dort seine Frau sowie die drei Kinder kennen. Wir fanden sofort Gefallen aneinander und wurden auf der Stelle handelseinig. Ich würde den Kindern, wenn sie von der Schule nach Hause kamen, Unterricht in Urdu, Mathematik, islamischer Religionslehre, Geschichte und Geographie erteilen, und zwar jeweils von 16 – 18 Uhr. Dafür verlangte ich 150 Rupien pro Monat sowie zusätzlich ein kostenloses Abendessen täglich. Am Sonntag würde ich nicht kommen.

Diese neue Vereinbarung hatte einen unmittelbaren Effekt: Ich mußte meine lieben Freunde in der Medina-Siedlung verlassen, weil es immer schon dunkel war, bevor ich nach Hause kam, und es für eine Frau zu unsicher war, allein im Dunkeln auf der Straße zu sein. Es gab eine ganze Menge Taschendiebe und Entführer in Lahore –, mit dieser traurigen Seite des Lebens war ich seit meinem Gefängnisaufenthalt leider nur allzugut bekannt. Deshalb zog ich zu Mr. und Mrs. Neelam, die in der Warris Road wohnten, ganz in der Nähe der Kirche und nicht allzuweit von Old Anarkali entfernt. Ich kannte Mr. Neelam von der Blindenschule her, wo er Musikunterricht gegeben hatte.

Als der Dezember kam, hatte ich acht oder neun Artikel geschrieben, alle mit dem Vermerk »von Gulshan« oder manchmal »von unserer Reporterin« versehen. Ich hatte das Gefühl, daß der Chefredakteur mit mir zufrieden war. In der zweiten Dezemberwoche ließ er mich in sein Büro kommen.

»Sie machen Ihre Sache gut –, besser als ich dachte«, fing er an. »Ich möchte Sie gerne behalten, aber dazu ist eines unbedingt nötig: Sie müssen zum moslemischen Glauben zurückkehren.«

Ich saß wie versteinert auf meinem Stuhl. Er fuhr fort:

»Ich weiß jetzt, warum Sie Christ sind. Lassen Sie mich Ihnen sagen, auch wenn Ihre Brüder Ihnen nicht helfen wollen, ich werde Ihnen helfen – unter der Bedingung, daß Sie das Christentum aufgeben. Nein, lassen Sie mich bitte ausreden, Sie können in meinem Haus wohnen. Ich werde Ihnen die Verantwortung für sämtliche Reporter übertragen. Ich stelle einfach eine neue Reporterin ein, die Ihre jetzige Arbeit übernimmt. Als Abteilungsleiterin erhalten Sie dann ein Pauschalgehalt von 1000 Rupien im Monat...«

Ganz plötzlich erwachte ich aus meiner Versteinerung und erfaßte augenblicklich den Sinn seiner Worte. Dieser Mann hatte

Verbindung zu Alim Schah. Wahrscheinlich waren sie befreundet, gehörten vielleicht zu demselben Klub. Er mußte schon lange über mich Bescheid gewußt haben und hatte geduldig auf diesen Augenblick hingearbeitet. Es war dieselbe alte Geschichte: »Zeig ihr, welch große Liebe wir Muslims zueinander haben, dann kommt sie vielleicht wieder zurück. Schließlich ist sie in Not, muß bei fremden Leuten wohnen und selber ihren Lebensunterhalt verdienen.« Und ich war so glücklich über meine schriftstellerischen Fortschritte gewesen, daß ich gar nicht weiter darüber nachgedacht hatte, warum dieser Mann von Welt jemanden eingestellt und behalten hatte, der so unerfahren war wie ich. Doch wann würden sie endlich begreifen, daß ich niemals in den Schoß ihrer Religion zurückkehren würde?

Ich seufzte: »Glauben Sie nur nicht, daß ich Ihr Angebot nicht schätze. Ich würde wirklich gerne weiter für Sie arbeiten, aber ich muß Ihnen sagen, daß ich mein Christsein nicht aufgeben kann. Jesus ist mein Leben. Was ich in Ihm gefunden habe, kann mir keine andere Religion geben.«

Im Lauf des Tages kam seine Frau, um mit mir zu reden. Sie war gerade beim Einkaufsbummel in Old Anarkali, und ich hatte den Eindruck, daß sie einen allerletzten Versuch wagen wollte, mich zu einer Sinnesänderung zu bewegen.

Sie rief mich ins Büro ihres Mannes, während er damit beschäftigt war, im Redaktionsbüro Korrektur zu lesen.

»Sie sind doch ein intelligenter Mensch«, sagte sie. »Warum sind Sie Christ?«

Die Andeutung, die in dieser Bemerkung enthalten war, ließ mich innerlich aufstöhnen. Für die Moslems sind alle Christen Dummköpfe, die an eine Lüge glauben. Ich wußte, daß ich dieser Frau kein geistliches Verständnis zutrauen konnte, und ich hatte keine Lust, die ganze Sache noch einmal aufzurollen.

So sagte ich freundlich: »Sie werden die Situation, in der ich mich befinde, nicht verstehen können. Gott ist für mich eine Realität geworden.«

Sie sah mich an, und ihre Züge verhärteten sich. Ohne ein weiteres Wort verließ sie das Büro.

Bei Feierabend überreichte mir der Chefredakteur einen

Umschlag mit 125 Rupien. »Es tut mir leid«, sagte er, »aber Sie können nicht länger hier arbeiten. Meine Frau und ich bedauern Ihr Fortgehen. Wir werden Sie nicht vergessen.«

»Mir tut es auch leid«, erwiderte ich, »aber Gott wird mir eine neue Arbeitsstelle besorgen.« Ich versuchte, den Kopf hochzuhalten, obwohl ich in meinem Herzen längst nicht so tapfer war. Der Chefredakteur kämpfte ganz offensichtlich noch immer mit seinen humanen Gefühlen, denn er bemerkte, während ich zur Tür ging: »Wenn Sie gar nicht weiterwissen, werde ich Ihnen helfen, aber das Problem der Religion wird bestehen bleiben.«

»Keine Sorge«, gab ich zurück, »mein Gott wird mir helfen. Ehe ich menschliche Hilfe in Anspruch nehme, will ich mich lieber an Ihn wenden.« Mit diesen Worten verließ ich sein Büro.

Meine Kollegen waren traurig, daß ich ging: »Sie haben so lange mit uns zusammengearbeitet, und jetzt verlassen Sie uns nur wegen der Religion. Wenn Christus Sie geheilt hat –, okay, warum spenden Sie dann nicht einfach etwas Geld und lassen es dabei bewenden?«

»Er bedeutet mir viel, viel mehr«, erwiderte ich, gab jedem meiner Kollegen zum Abschied die Hand und sagte ihnen, ich würde für sie beten. Als ich die Treppe hinunterging, fröstelte ich, und in meinem Kopf drehte sich alles durch den Schock, den ich erlitten hatte. Wieder einmal hatte man mir den Stuhl vor die Tür gesetzt, und das ausgerechnet in dem Moment, als ich angefangen hatte, mich vor dieser speziellen Art des Angriffs sicher zu fühlen.

Draußen mußte ich mich erst einmal an die Wand lehnen, um einen festen Halt zu haben. Gewiß gab es einen Grund für alle diese erschütternden Erlebnisse. In meinem Herzen schrie ich zu meinem himmlischen Vater, und Er antwortete mir sofort. Seine Worte waren mir ein großer Trost:

»Wie deine Tage, so wird deine Kraft sein. Habe ich dir nicht geboten: Sei stark und mutig?« Ich wußte noch nicht, daß mein ganz persönliches »Verheißenes Land« unmittelbar vor mir lag und ich nur darauf vorbereitet wurde, es einzunehmen.

Kapitel 14

Ein Zeuge Jesu

»Es ist Besuch für Sie da«, sagte Mrs. Neelam am Morgen des 30. Dezembers. Erstaunt sah ich von meinem Buch auf.

Der Besucher war Mr. Gill, ein Ältester der Gemeinde, die zum »Foreman Christian College«, einer christlichen Schule, gehörte. Er hatte mir eine Einladung zu überbringen und steuerte geradewegs auf sein Ziel zu.

»Pastor Arthur von der Methodistenkirche des Foreman Christian College bittet Sie, im Gottesdienst am Neujahrstag die Predigt zu halten. Es steht Ihnen frei, die Botschaft zu bringen, die Gott Ihnen aufs Herz legt. Was meinen Sie dazu?«

Ich antwortete nicht sofort. Das »Foreman Christian College« war eine große Schule, und die Kirche würde voll sein mit einflußreichen Leuten. Wie konnte ich vor einer solchen Menge stehen und predigen? Am liebsten hätte ich nein gesagt, aber dann dachte ich daran, was Gott damals in der Nacht zu mir gesagt hatte:

»Geh und predige zu meinem Volk.«

So hatte der Auftrag Jesu gelautet, als Er mich geheilt hatte, aber zu jenem Zeitpunkt war ich dafür noch nicht vorbereitet gewesen. Dennoch war mir diese Vision stets gegenwärtig geblieben. Sie hatte meinen schweren Weg hell gemacht und mich gelehrt, Gott durch Sein Wort und durch den Glauben an Ihn immer besser kennenzulernen. War diese Einladung, die mir da völlig unerwartet überbracht wurde, vielleicht das Zeichen, daß jetzt der Zeitpunkt gekommen war, an dem ich vor der Gemeinde von Seiner großen Gnade, Liebe und Barmherzigkeit zu mir Zeugnis ablegen sollte?

Ich wußte inzwischen, daß verschiedene Faktoren zusammentreffen mußten, wenn der Weg, den ich einschlagen wollte, der richtige war: Es würde eine offene Tür da sein, das richtige Wort würde mir geschenkt werden, und ich würde einen inneren Frieden empfinden und die Gewißheit im Herzen haben, daß ich das Richtige tat.

Schließlich hob ich den Kopf und sagte zu dem Mann, der mir die Botschaft überbracht hatte: »Ich werde kommen. Aber wie finde ich den Weg von hier aus dorthin?«

»Ich lade Sie herzlich ein, morgen zu uns in die Wadat-Siedlung zu kommen und in unserem Haus zu übernachten. Wir wohnen in der Nähe der Schule und nehmen Sie dann zum Gottesdienst am Neujahrstag mit.«

Kamla Neelam war mit diesem Vorschlag einverstanden, und wir verabredeten, daß Mr. Gill am nächsten Tag wiederkommen und mich abholen würde. Dann zog ich mich zurück, um meine Gedanken für den kommenden Test zu sammeln.

Als ich am nächsten Abend im Gästezimmer der Gills saß, überfiel mich plötzlich Furcht, wenn ich daran dachte, auf was ich mich da eingelassen hatte. Der Stolz in mir erhob sein Haupt ... wie gerne wollte ich doch einen guten Eindruck machen!

Ich kniete nieder und sprach die Gedanken, die mich beschwerten, laut aus: »Wie kann ich über dich sprechen? Es ist jetzt beinahe vier Jahre her, seit ich dich gesehen habe. Wie soll ich dich beschreiben?«

Das klang eigentlich furchtbar töricht. Was wollte ich denn? Eine Wiederholung jener heiligen Erfahrung? Ich hatte meine Gedanken kaum ausgesprochen, als mir klar wurde, wie lächerlich es im Grunde doch war, daß ich mir über diese Dinge überhaupt Sorgen machte. Als ich dann in der Gegenwart Gottes ganz still wurde, vernahm ich deutlich die leise, sanfte Stimme meines Herrn: »Mein Geist wird mit dir sein.« Freude erfüllte mein Herz. Diese Verheißung war mir genug.

Zweifellos war es das erste Mal in meinem Leben, daß ich einer so großen Menschenmenge gegenüberstand. Lehrer waren da, Professoren, Ärzte und Schwestern aus dem christlichen Krankenhaus in der Nähe – alles gebildete, selbstbewußte Leute. Doch ich fühlte, wie die Kraft Gottes über mich kam und mir Auftrieb gab, während ich von meiner Heilung Zeugnis ablegte und den Zuhörern schilderte, wie Gottes Gnade mich durch viel Not und Traurigkeit hindurch getragen und gehalten hatte. Die Leute lauschten still und gespannt. Sie nahmen mir jedes Wort von den Lippen ab, ihre Augen waren unverwandt auf mich gerichtet.

Als ich nach meiner Botschaft die Kanzel verließ, kamen viele auf mich zu, um mir mitzuteilen, was mein Zeugnis ihnen zu sagen gehabt hatte. »Das war wirklich mit Vollmacht gesprochen«, meinten einige. »Wir haben gar nicht gemerkt, wie die Zeit vergangen ist«, sagten andere mit Tränen in den Augen. Mehrere Frauen versicherten mir, ehe sie den Saal verließen: »Sie haben viel allein durchlitten. Jetzt möchten wir für Sie da sein.« Und sie gaben mir ihre Adresse.

Ich erhielt einen Teil der Kollekte und durfte zum Mittagessen mit zu Familie Gill gehen. Durch den überraschenden Erfolg fühlte ich mich fast ein wenig benommen und mußte ganz plötzlich an meine Brüder denken. Wie sehr wünschte ich mir, daß sie von der veränderten Lage ihrer Schwester, die sie verurteilt hatten, Kenntnis erhielten.

Das Ergebnis dieses Neujahrsgottesdienstes war, daß ich gebeten wurde, regelmäßig in der Gemeinde die Frauenstunde zu halten. Das bedeutete, daß ich den Unterricht in Mr. Yousefs Haus aufgeben und mich ganz der Arbeit widmen konnte, die ich eigentlich schon immer hatte tun wollen – der Evangelisation. Eine Gemeinde nach der anderen in der Umgebung lud mich in der Folge zum Predigtdienst ein, wobei man mir jeweils die Kosten erstattete.

Während der Monate April und Mai wohnte ich bei Freunden in Canal Park. Im Juni nahm mich eine andere Familie in ihr Haus auf, und ich blieb bis zu dem Tag bei ihnen, an dem mein Neffe Hochzeit hatte.

Eine Sommerfreizeit für Frauen sollte in Murree stattfinden. Diese Gegend, 2600 Meter hoch in den Ausläufern des Himalajagebirges gelegen, war in einer zweieinhalbstündigen Busreise von Rawalpindi aus zu erreichen. Es handelte sich um einen ehemaligen Gebirgsstützpunkt, der auf die Zeit der britischen Radschas zurückging. Jetzt verbrachten viele reiche Leute ihren Urlaub dort, um das kühlere Klima und den Anblick der Berge zu genießen, von denen einige den größten Teil des Jahres über mit Schnee bedeckt waren.

In Murree gab es eine ganze Anzahl christlicher Einrichtungen, wie z.B. eine Sprachschule für Missionare und eine christliche Schule für Missionars- und andere Kinder. Letztere blieb, im Gegensatz zu den Schulen im Tiefland, auch den Sommer über geöffnet und schloß nur im Winter für einen Monat ihre Türen, weil dann zu viel Schnee lag, der die gefährlichen Gebirgsstraßen versperrte. Im Sommer gab es in Murree außerdem viele Freizeiten und Konferenzen, die von christlichen Gruppen aus ganz Pakistan abgehalten wurden.

Die Freizeit für Frauen im Mubarik-Gelände, zu der ich als Hauptrednerin eingeladen worden war, sollte in der ersten Junihälfte stattfinden und eine Woche dauern. Ich wollte mit der Freizeitleiterin, Mrs. Hadayat, zusammen per Bahn nach Rawalpindi reisen. Um 4 Uhr am Freitag morgen sollte es losgehen. Mit großer Vorfreude sah ich der allerersten Bahnfahrt meines Lebens entgegen.

Doch am Donnerstag morgen gegen 10 Uhr erhielt ich eine Botschaft von meiner Schwester Samina, die in Samanabad weilte, um Vorbereitungen für die Hochzeit ihres Sohnes zu treffen. Er wollte am Samstag heiraten, und Samina lud mich ein, als Gast dabeizusein.

Ihr Sohn überbrachte mir die mündliche Einladung im Salon des Hauses, in dem ich zu Besuch war. Ich hatte Mahmood in seinen Kinder- und Jugendjahren zwar nur selten gesehen, wußte aber, daß er unserer Familie bisher wirklich Ehre gemacht hatte. Nur zu gerne hätte ich an seiner Hochzeit teilgenommen, wußte jedoch um die großen Hindernisse, die dem entgegenstanden.

So schickte ich Mahmood mit einer ebenfalls mündlichen Erklärung wieder nach Hause:

»Richte deiner Mutter bitte aus, daß ich sie und auch dich sehr liebhabe. Trotzdem kann ich nicht kommen. Alle werden aufgrund meines Glaubens gegen mich sein, und meine Anwesenheit könnte die ganze Atmosphäre dieses Tages trüben, der für euch alle doch ein Freudentag sein soll. Es wäre von daher nicht taktvoll, wenn ich käme, und außerdem fahre ich bereits am Freitag zu einer Konferenz in die Berge. Bitte, entschuldigt mich also, wenn ich eurer freundlichen Einladung nicht Folge leiste.«

Mit mürrischem Gesicht bestieg mein Neffe sein Yamaha-Motorrad und fuhr davon. Ich nahm die unterbrochenen Reisevorbereitungen wieder auf. Doch bereits um 14 Uhr war Mahmood wieder da.

»Du mußt unbedingt zur Hochzeitsfeier kommen, Tante! Meine Mutter sagt, sie würde mich nicht heiraten lassen, wenn du nicht dabei seist. Und auch ich möchte, daß du kommst.« Bei diesen Worten hatte der große, starke Junge doch tatsächlich Tränen in den Augen!

Ich mußte blitzschnell eine Entscheidung treffen. »Also, hör zu«, sagte ich. »Das einzige, was ich tun kann, ist, zu Mr. und Mrs. Hadayat zu gehen und sie zu fragen, was sie von der Sache halten. Vielleicht ist es doch möglich, daß ich an deiner Hochzeit teilnehme. Ich muß dann aber so rechtzeitig wieder gehen, daß ich den Bus nach Rawalpindi bekomme, der am Sonntag früh dort eintrifft und Anschluß an einen Bus nach Murree hat.«

Mahmoods Gesichtszüge erhellten sich. »Kannst du auf dem Sozius mitfahren, Tante?« fragte er. »Dann bringe ich dich schnell zu Mr. und Mrs. Hadayat.« Es dauerte gar nicht lange, bis die Nachbarn das seltene Schauspiel einer jungen Dame zu sehen bekamen, die auf dem Soziussitz eines Motorrads davonbrauste und sich ängstlich am Hemd des vor ihr sitzenden Jünglings festhielt.

Als ich meinen Freunden von dem Dilemma berichtete, in dem ich mich befand, kamen sie auf der Stelle zu einer Lösung. Sie gaben mir den Rat, die Einladung auf jeden Fall anzunehmen.

»Das wird ein gutes Zeugnis sein«, meinten sie. »Einige deiner Verwandten haben dich ja seit deiner Heilung nicht mehr gesehen.«

Das stimmte. Ich überdachte noch einmal jene schreckliche Zusammenkunft mit meinen Onkeln. Ich erinnerte mich gut an ihre harten, unbarmherzigen Augen, die aus zorngeröteten Gesichtern das freche junge Ding angeblitzt hatten, das es wagte, der Familientradition zu trotzen und gegen das islamische Gesetz zu verstoßen. Ob sich bei ihnen inzwischen etwas geändert hatte? Ich zweifelte daran. Trotzdem mochte es vielleicht hier und da eine Gelegenheit zum Zeugnis geben, außerdem hatte ich meine Schwester und ihren Sohn wirklich lieb. Ihretwegen wollte ich gern an der Feier teilnehmen.

»Ihr habt recht«, sagte ich. Nachdem diese Schwierigkeit behoben war, schlug Mr. Hadayat seinen Kalender auf, um die Abfahrzeiten der Busse herauszufinden. Dabei stellten wir fest, daß ein Bus um Mitternacht am Samstag von Badami Bagh in Lahore abfuhr, der früh genug in Rawalpindi ankommen würde, daß ich dort einen Anschlußbus nach Murree erreichen konnte. Ich würde also rechtzeitig an meinem Zielort eintreffen und bei der ersten Versammlung am Sonntag nachmittag sprechen können.

Mein Neffe brachte mich auf seiner Yamaha nach Hause zurück und versprach, am nächsten Tag wiederzukommen und mich zur Hochzeitsfeier abzuholen.

Am folgenden Morgen packte ich meine kleine Aktentasche und wurde dann, wie verabredet, von meinem lieben Neffen mit allen Ehren nach Samanabad geleitet.

Wie ich vorhergesehen hatte, erwies sich die Hochzeitsfeier von Anfang bis Ende als die reinste Katastrophe. Einige der älteren Verwandten betrachteten meine Anwesenheit als eine direkte Beleidigung und wandten mir, wann immer ich in ihrer Nähe auftauchte, demonstrativ den Rücken zu. Andere, die sich stark zum *Dschihad* (»Heiligen Krieg«) hingezogen fühlten, überfielen mich förmlich mit ihren Argumenten, so daß ich kaum Gelegenheit hatte, mit meiner Schwester Samina zu sprechen oder mit Anis, die ich ungefähr ein Jahr lang nicht gesehen hatte.

Das Hauptthema ihrer Attacke war: »Warum glaubst du an Jesus als den Sohn Gottes?«

Ich hatte die Bibel in meinem Gepäck, aber es war nicht nötig, sie hervorzuholen, denn die Verse, die ich brauchte, kamen mir wie von selbst über die Lippen, und zwar mit Vollmacht. Es war mir klar, daß ich eine solche Gelegenheit nicht so bald noch einmal bekommen würde, deshalb sprach ich mit jedem, der auch nur das geringste Interesse zeigte, über meinen Glauben. Die Diskussion ging hin und her, und ich hatte kaum Zeit, etwas zu essen oder zu trinken. Meine beiden Hauptgegner, meine Brüder, bekam ich nicht zu Gesicht. Safdar Schah war zu Hause geblieben, als er hörte, daß ich kommen würde, und Alim Schah blieb die ganze Zeit bei den Männern, so daß ich nicht an ihn herankam.

Schließlich ließ einer nach dem anderen von meinen Gegnern

von mir ab, wobei sie Bemerkungen machten wie: »Ach, sie ist eben verrückt, laßt sie in Ruhe!« oder: »Sie gehört nicht mehr zur Verwandtschaft, sprecht nicht mit ihr!«

Plötzlich bemerkte ich mit Schrecken, wie spät es war: bereits 11 Uhr abends. Ich hörte eine Stimme sagen: »Morgen sollst du in Murree Zeugnis ablegen, und du bist immer noch hier!« In aller Eile lief ich zu meiner Schwester und fragte sie, ob mich wohl jemand nach Badami Bagh bringen könne. Doch Saminas Wagen war mit anderen Hochzeitsgästen unterwegs, Anis mußte sich um ihre Schwiegereltern kümmern, und einige der übrigen Besucher weigerten sich ganz einfach, mich zu fahren. Ich hörte jemanden sagen: »Wir wollen unser Auto nicht schmutzig machen. Bitte doch deinen Jesus, dich hinzubringen!«

Samina trat auf mich zu und ergriff meine Hand. »Gulshan«, sagte sie, »es tut mir leid, daß ich dir nicht helfen kann. Warum bleibst du nicht einfach über Nacht bei uns? Morgen früh bringen wir dich dann zum Bus.«

Das schien ein vernünftiger Vorschlag zu sein, zumal es um diese Zeit der Nacht gefährlich war für eine Frau, allein auf der Straße zu sein. Doch ich war von einem Gefühl der Dringlichkeit ergriffen. Ich hatte meine Instruktionen erhalten und mußte irgendwie meinen Weg finden. Ohne mich von den anderen zu verabschieden, schlüpfte ich leise aus dem hellerleuchteten Haus mit seiner Bequemlichkeit und Sicherheit und stellte mich an den Straßenrand. Wolkenschleier verhüllten den Mond, Häuser und Bäume warfen gespenstische Schatten in die Dunkelheit. Über meinem Kopf rauschten die Zweige eines riesigen Maulbeerbaumes im Nachtwind. Ängstlich trat ich einen Schritt zur Seite.

»Herr, du hast mich geheiligt. Bitte, bewahre mich und hilf mir, rechtzeitig zum Busbahnhof zu kommen. Ich lege mich getrost in deine Hand«, betete ich leise.

Als ich geendet hatte, flossen die Tränen. Ich spürte die Gegenwart Gottes ganz real, die mich in der Dunkelheit von allen Seiten einhüllte, und in dieser Geborgenheit fühlte ich mich sicher.

Dann hörte ich, zuerst noch weit entfernt, dann aber immer näher, das leise Summen eines Motors. Beinahe gleichzeitig entdeckte ich auch das Licht eines Scheinwerfers, das helle Muster auf den samtschwarzen Hintergrund der Nacht malte, während die Maschine über die von der Hitze wellig gewordene Asphaltstraße auf mich zuschaukelte. Nun erkannte ich, daß es eine Rikscha mit Verdeck war. Brachte sie vielleicht einen verspäteten Hochzeitsgast, oder befand sich der Fahrer nach einem langen Arbeitstag auf dem Weg nach Hause? Ich betete, daß das Gefährt anhalten möge und winkte mit der Hand, worauf die Rikscha neben mir zum Stehen kam.

»Können Sie mich so schnell wie möglich nach Badami Bagh bringen? Ich muß einen Bus erreichen, der in aller Kürze nach Rawalpindi abgeht.«

Ich konnte das Gesicht des Fahrers nicht erkennen, da er eine Art Kapuze über den Kopf gezogen hatte. Ohne jedoch länger darüber nachzudenken, ob er vielleicht ein Bösewicht war, der meine Lage schamlos ausnutzen würde, stieg ich ein, und los ging es in sausender Fahrt, daß mir Hören und Sehen verging. Als wir nach Badami Bagh einbogen, schien es mir nach einem Blick auf die Uhr, daß wir die fünfundzwanzig Kilometer in nur fünf Minuten zurückgelegt hatten. Ohne ein Wort zu sagen, ergriff der Rikschafahrer meine Tasche und trug sie zur Haltestelle der Watan-Buslinie, die nach Rawalpindi ging. Wie im Traum folgte ich dem hochgewachsenen, stattlichen Mann, der da federnden Schrittes vor mir herging, in ein seltsames, langes mattbraunes Gewand gehüllt.

Am Bus angekommen, verstaute er mein Gepäck unter einem der vorderen Sitze. Dann wollte er fortgehen, ohne auf eine Bezahlung zu warten, aber ich hielt ihn mit den Worten zurück: »Wieviel schulde ich Ihnen?«

Er wandte sich mir halb zu und erwiderte: »Gott hat mich geschickt, um Ihnen zu helfen. Gehen Sie hin in Frieden.« Dann schlug er den Ärmel seines Gewandes zurück, und auf seinem kräftigen Arm las ich in leuchtenden Buchstaben das Wort »Patrus« (Petrus). Ich versuchte, sein Gesicht zu erkennen, sah aber nichts weiter als zwei funkelnde Augen.

Unwillkürlich kamen mir die Tränen, und ich mußte sie gewaltsam wegwischen. Als ich wieder klar sehen konnte, war er verschwunden, ohne auf sein Geld zu warten. Ich überlegte, ob ich das Ganze vielleicht geträumt hatte. Doch als ich mich auf dem

Busbahnhof umsah, auf dem zu dieser nächtlichen Stunde reger Betrieb herrschte, da viele Leute lieber nachts reisten als in der Hitze des Tages, erblickte ich nichts weiter als jede Menge Fahrgäste, die ihre Beine in Erwartung einer langen Reise von sich streckten und es sich auf ihren Plätzen bequem machten.

Auch ich ließ mich auf dem gepolsterten Sitz nieder. Ich war die einzige Frau im ganzen Bus, die ohne Begleitung reiste und keinen *burka* trug. Der Schaffner kam und kassierte das Fahrgeld, dann konnte die Reise losgehen.

In Jhelum, das auf halber Strecke lag, machten wir für eine halbe Stunde Rast und hielten nochmals in Gujar Khan kurz an. Während wir höher und höher in die Himalajaberge emporkletterten, wurde es merklich kühler. Gegen 4.45 Uhr erreichten wir endlich Rawalpindi und mußten uns durch große Mengen von Menschen, mageren Kühen und Ziegen, Autos, Rikschas, Lastwagen, Fahrrädern und Ochsenkarren unseren Weg zur Bushaltestelle am Raja-Basar bahnen. Die Sonne war inzwischen aufgegangen und tauchte mit ihren Strahlen den Himmel im Osten in ein goldenes Morgenlicht.

Von Rawalpindi fuhr ein kleinerer Bus weiter nach Murree. Es war eine langsame, nicht ungefährliche Fahrt die steile, gewundene Gebirgsstraße hinauf, die gerade breit genug war, daß zwei Fahrzeuge aneinander vorbei konnten. Um diese Jahreszeit war es eine vielbefahrene Strecke, weil die Menschen versuchten, der flimmernden Hitze des Flachlandes zu entfliehen. Die Sitze im Bus waren seitwärts angebracht, und ich setzte mich so, daß ich die Felswand sah und nicht den Straßenrand mit dem steil abfallenden Abhang dahinter.

Um 11 Uhr vormittags näherten wir uns endlich Murree. Ich stieg beim Postamt aus, das auf einem Hügel unterhalb der Stadt lag. Meine Tasche gab ich einem Kuli, der mich das kurze Stück bis zum Freizeitgelände begleitete. Als wir uns dem Platz näherten, sah uns der *chowkedar* kommen. Er begrüßte mich herzlich und nahm dem Kuli die Tasche ab.

Diese Frauenfreizeit wurde für mich zu einem unvergeßlichen Erlebnis. Dreißig Frauen waren eine Woche lang zusammen, aus so verschiedenen und weit voneinander entfernten Städten wie Peshawar, Sialkot, Karachi, Faisalabad (dem früheren Lyallpur) und Hyderabad. Gott legte während dieser Tage Seine heilende Hand auf viele wunde Stellen im Leben der Frauen.

Ich war in einem zweistöckigen Haus untergebracht und teilte mein Zimmer mit Ruth aus Abbotabad. Jeweils vormittags und abends fanden Versammlungen statt, der Rest des Tages war, außer den festgesetzten Mahlzeiten, zur freien Verfügung. Ich verbrachte viel Zeit damit, mit den Frauen über ihre Probleme zu sprechen. Eine an einer staatlichen Schule in Lahore angestellte Lehrerin sagte mir, wie schwierig es für sie sei, in ihrer moslemischen Umgebung Christus zu bezeugen. Wir beteten zusammen und sprachen ganz offen darüber, wie sehr die Furcht einen Menschen, der sich in einer solchen Situation befindet, binden und sein Zeugnis lähmen kann. Ich gab ihr dann das Verheißungswort mit auf den Weg: »Ich will dich nicht versäumen noch verlassen« (Hebräer 13, 5b). Als wir auseinandergingen, meinte sie voller Freude: »Du hast mir neue Hoffnung geschenkt, daß ich den vielerlei Problemen, die auf mich zukommen, begegnen kann.«

Als die Frauen abgereist waren, kam eine Gruppe junger Leute aus Peshawar, und Rev. Sayed, der für das Freizeitgelände verantwortlich war, bat mich, noch länger zu bleiben und auch zu dieser Gruppe zu sprechen. Ein junger Anwalt, der unter Moslems arbeitete, kam zu mir und bekannte, daß er sich schäme, dort von Jesus zu zeugen. Ich las ihm Matthäus 10, 31–33 vor und betete mit ihm. Vier Tage später sprach er wieder mit mir und berichtete, er habe jetzt Mut zum Zeugnis bekommen. »Die Angst ist weg«, erklärte er. Und so war es auch. Als die Freizeiten vorbei waren, zog ich zu Bruder und Schwester Younis nach Rawalpindi, und dort besuchte mich dieser junge Mann noch einmal.

Schwester Younis hatte ebenfalls an der Frauenfreizeit in Mubarik teilgenommen, und wir hatten Freundschaft miteinander geschlossen. »Komm zu uns, wenn du von hier fortgehst«, hatte sie mich gebeten. »Du kannst bei uns wohnen.« Und das tat ich dann auch.

Nach diesen beiden Freizeiten fing mein Dienst für den Herrn erst richtig an. Ich sprach auf Konferenzen und Tagungen und berichtete davon, wie Gott in meinem Leben gewirkt hatte.

Anfang Juli jenes Jahres wurde ich nochmals nach Mubarik eingeladen. Eine Konferenz fand statt, auf der ich mir den Dienst mit verschiedenen bekannten Reichsgottesarbeitern zu teilen hatte. Sie alle akzeptierten mich als eine Schwester, der Gott einen ganz bestimmten Dienst gegeben hatte. Jedesmal, wenn ich predigte, erhielt ich weitere Einladungen aus der Ferne und aus der Nähe. Die Menschen wollten hören, was ich zu sagen hatte. Sie erklärten mir, diese Botschaft werde dringend gebraucht, weil man durch sie ermutigt werde, Jesus besser nachzufolgen.

Nun war der Zeitpunkt gekommen, daß mein Dienst größere Ausmaße annehmen sollte, aber ich hielt mich stets ganz nahe an Jesus. Aus der Erfahrung wußte ich, daß immer dann, wenn der göttliche Segen floß, auch der Angriff des Feindes nicht ausbleiben konnte. Trotzdem war ich wieder einmal nicht darauf vorbereitet, daß er gerade aus dieser Richtung kommen würde.

Kapitel 15

Schluß

Von Rawalpindi aus reiste ich kreuz und quer durch Pakistan. Ich sprach in Kirchen und auf Konferenzen und diente daneben mit persönlicher Seelsorge vielen Menschen, die sich in körperlicher oder geistlicher Not befanden.

Im Oktober 1977 folgte ich der dringenden Bitte eines Ehepaares aus der Methodistenkirche in Canal Park, Lahore, die mir in einem Brief mitteilten, ihr Sohn sei sehr krank. »Bitte, kommen Sie und beten Sie für ihn!« schrieb Bruder James. Ich kam seiner Bitte nach und betete während der langen Reise dorthin.

Der Sohn war aus dem christlichen Krankenhaus nach Haus entlassen worden. Er befand sich auf dem Wege der Besserung, war aber noch recht schwach.

Bruder und Schwester James traten dann mit der Bitte an mich heran, ich solle bei ihnen bleiben. Sie hatten fünf Töchter und fünf Söhne, die ich mit ihnen zusammen in den Wegen des Herrn unterweisen sollte. Wir kamen überein, daß ich zu ihnen ziehen würde, dabei aber die Freiheit haben sollte, Versammlungen im Land abzuhalten, wann immer ich dazu gerufen wurde.

In all den Jahren seit meiner Bekehrung hatte ich im Glauben gelebt. Der Herr hatte mir stets das gegeben, was ich brauchte, so daß mich manch einer bereits angesprochen und gefragt hatte, ob ich eine ausländische Missionsgesellschaft im Rücken hätte. Ich versuchte diesen Leuten stets klarzumachen, daß uns als Christen alle Reichtümer des Himmels zur Verfügung stehen, wenn wir nur dazu bereit sind, Gott völlig zu vertrauen. Ich hatte Ihm alles gegeben, was ich besaß – meine Familie, mein Haus, meinen Grundbesitz, mein Geld und auch meinen guten Ruf –, und vertraute nun einfach darauf, daß Er mich durchbringen würde.

Als ich noch in Rawalpindi wohnte, spielte sich der letzte Akt in Anis Bibis Erdenleben ab. Meine Schwester, die aufgrund der großen Opposition aus ihrer Familie gezwungen gewesen war, bis zuletzt ein heimlicher Christ zu bleiben, starb am 14. März 1977. Ich war in ihrer Todesstunde bei ihr und konnte ihr Trost zusprechen. Ich weiß, daß sie ihre Hand in die Hand des Mannes mit der goldenen Krone auf der Spitze der Leiter legte und sich von Ihm in die Gegenwart Gottes führen ließ.

Anis' Töchter, zwei Mädchen von fünfzehn und sechzehn Jahren, zogen danach zu einem Onkel, da es schien, daß ihr Vater sie nicht bei sich behalten wollte. Einige Monate später erhielt ich einen Brief von ihnen, in dem sie anfragten, ob sie nicht bei mir wohnen dürften, weil sie sich im Haus des Onkels nicht glücklich fühlten. So kam es, daß ich im Oktober die Vormundschaft für meine beiden Nichten übernahm und wir alle drei bei Bruder James einzogen. Doch damit waren jetzt viel zu viele Mädchen unter einem Dach, und ich fing erstmals wirklich und ernstlich an, um ein Haus zu beten, in dem ich mein eigenes Leben führen konnte, ohne mich immer wieder anderen Menschen verpflichtet fühlen zu müssen.

Ich brachte die beiden Mädchen in einem Internat unter, da es schwierig war, sie anderen Leuten zu überlassen, während ich unterwegs war. Das Internat wurde von freundlichen katholischen Schwestern geleitet, und die Atmosphäre dort tat meinen Nichten gut.

Gott legte es einigen Freunden in Karachi aufs Herz, etwas in bezug auf meine heimatlose Lage zu unternehmen. Sie meinten, es sei nun an der Zeit, daß ich mein eigenes Haus hätte und nicht immer bei anderen Leuten wohnen müsse. Darum sammelten sie Geld für mich, und zusammen mit der kleinen Summe, die ich inzwischen gespart hatte, reichte der Betrag aus, um ein kleines Häuschen zu erwerben. Wie schön war es nun, nach einer Reihe anstrengender Versammlungen irgendwo im Land in meine eigenen vier Wände zurückkehren zu können!

Als ich im Sommer 1978 das Haus übernahm, zogen meine beiden Nichten zu mir. Doch leider ging nicht alles glatt. Ich wurde aufgrund von einigen falschen Beschuldigungen vor Gericht gestellt.

Ich erklärte dem Richter, daß ich verkrüppelt gewesen, aber von Jesus geheilt worden war. Er fragte, ob jemand aus meiner eigenen Familie diesen Tatbestand bezeugen könne. Um der Gerechtigkeit willen erklärte sich einer meiner Angehörigen bereit, als Zeuge aufzutreten, der meine Aussage bezüglich der Heilung bestätigte und sich für meinen guten Charakter verbürgte. Daraufhin wurde das Gerichtsverfahren gegen mich eingestellt.

Meine beiden Nichten hatten mich im Stich gelassen, aber Gott schenkte mir in Seiner Güte zwei liebe Adoptivtöchter, einen Adoptivsohn und ihren Großvater noch dazu. So brauchte ich nicht ganz allein dazustehen.

Zwei Monate nach diesen Ereignissen, im Juli 1981, war ich in Karachi, wo ich bei einer Freundin in der Akhtar-Siedlung wohnte, ganz in der Nähe der Methodistenkirche. Patricia, eine junge Krankenschwester, bat mich eines Tages, ihre Schwester Freda zu besuchen, die als Pflegerin im Jinnah-Hospital arbeitete. Patricia befürchtete, ihre Schwester sei von einem bösen Geist besessen. Sie erklärte mir:

»Meine Schwester ist sehr krank. Manchmal schreit sie laut auf, und wenn der böse Geist sie ergreift, stößt sie gellende Schreie aus und schlägt mit der Faust auf die Leute ein.«

Ich sagte zu, mit ihr zu kommen, und wir ließen uns von einer Rikscha zu dem betreffenden Krankenhaus bringen. Es war ein sehr heißer Nachmittag mit hoher Luftfeuchtigkeit, weil Karachi direkt am Meer liegt. Im Zimmer der jungen Pflegerin war es schwül und stickig, und es herrschte eine drückende Atmosphäre, die aber nicht nur von der Hitze kam. Freda stand uns gegenüber, ein junges, schüchternes Mädchen, das den Kopf gesenkt hielt. Sie war in Zivil und trug einen *shalwar kameeze* mit *dopatta.* Hin und wieder hob sie den Kopf und sah mich mit einem starren, unbeweglichen Blick an, der keinerlei Ausdruck verriet.

Sanft redete Patricia auf ihre Schwester ein: »*Ba-ji,* dieses hier ist Schwester Gulshan. Sie ist gekommen, um für dich zu beten.«

Die junge Pflegerin gab keine Antwort. Eine ganze Weile stand sie stocksteif an ihrem Platz, dann murmelte sie eine hastige Entschuldigung und verließ das Zimmer, um zur Toilette zu gehen, die sich im unteren Stockwerk befand. Als sie nach fünfzehn Minuten immer noch nicht wieder da war, sagte meine Freundin: »Das dauert aber lange! Ich werde sie holen.«

Nach kurzer Zeit kam sie wieder und zog ihre widerstrebende jüngere Schwester hinter sich her. Freda setzte sich auf den Teppich, und ich nahm in einem Sessel neben ihr Platz. Dann legte ich eine Hand auf ihren Kopf, schlug meine Bibel bei Psalm 91 auf und fing an, laut zu lesen:

»Wer im Versteck des Höchsten wohnt, bleibt im Schatten des Allmächtigen. Ich sage zum Herrn: Meine Zuflucht und meine Burg, mein Gott, ich vertraue auf ihn! Denn er errettet mich von der Schlinge des Vogelstellers, von der verderblichen Pest. Mit seinen Schwingen deckt er dich, und du findest Zuflucht unter seinen Flügeln. Schild und Schutzwehr ist seine Treue.«

Bei diesen Worten schloß Freda die Augen. Immer noch meine Hand auf ihrem Kopf haltend, sagte ich laut: »Ich befehle dir im Namen des Herrn Jesus, sie zu verlassen!«

Der Körper des Mädchens fing an, sich heftig zu schütteln, während sie unaufhörlich schrie: »Laß mich los, ich verbrenne!«

»Besser so, als wenn du mit dem Teufel zusammen in der Hölle brennen mußt«, gab ich zur Antwort.

Dann sprach der böse Geist aus ihr, mit einer Stimme, die anders klang als die helle Stimme des Mädchens:

»Ich gehe ja schon. Bitte, laß mich gehen. Ich werde auch nicht wiederkommen.«

Als der Dämon aus dem Mädchen ausfuhr, fiel sie zu Boden und blieb regungslos, mit entspanntem Körper, liegen. Nach zehn Minuten half Patricia ihr, sich aufzusetzen. Sie öffnete die Augen und bat um Wasser. Als sie getrunken hatte, forderte ich sie auf, wieder neben mir Platz zu nehmen. Sie legte ihren Kopf auf meine Knie und sagte: »Bitte, bete weiter für mich. Ich fühle mich viel leichter.«

Ich ließ sie dann folgendes Gebet nachsprechen: »Ich danke dir, Gott, daß du mich frei gemacht hast. Ich übergebe dir jetzt mein Leben. Nimm mich hin und gebrauche mich, wie du willst. Gib mir auch die Kraft, dir nachzufolgen und treu zu sein.«

Wir saßen bis 19 Uhr beieinander, dann kamen noch weitere Schwestern ins Zimmer. Als sie erfuhren, was geschehen war, kamen sie ebenfalls mit ihren Nöten und Problemen heraus und baten mich, für sie zu beten. Die eine hatte Angst vor einer bestimmten Prüfung. Eine andere bekam im Dienst ständig Kopfschmerzen. Die dritte sorgte sich um ihre Eltern, die krank zu Hause lagen. Ich betete für eine jede von ihnen.

Ich habe ganz vergessen zu berichten, daß wir im Verlauf der langen Nachmittags- und Abendstunden auch gemeinsam im Zimmer zu Mittag aßen und Tee tranken. Es war wirklich ein ereignisreicher Tag, der mir deutlich und klar in Erinnerung geblieben ist – sogar der Geschmack der Rüben, des Rindfleisches, der *chupattis* und der Bananen, die wir aßen.

Als es Zeit wurde, uns zu verabschieden, nahmen Patricia und ich eine Rikscha, die uns zurück in die Akhtar-Siedlung brachte, wo ich bei einer anderen Freundin zu Gast war. Zum Andenken schenkten mir die beiden Schwestern eine schöne Fotografie. Es sind wirklich zwei hübsche Mädchen, die jetzt freudig im Krankenhaus Jesus bezeugen.

Der Herr hat mich schon oft gebraucht, um zwischen Menschen zu vermitteln, die im Streit miteinander lebten. Wahrscheinlich weiß ich, weil ich selber so oft mißverstanden worden bin, welch ein Feuer durch ein einziges unfreundliches Wort oder einen gehässigen Gedanken angezündet werden kann.

Weil ich von keiner Kirche unterstützt werde, müssen wir uns direkt auf den Herrn verlassen, daß Er uns das gibt, was wir brauchen. Manchmal wachen wir morgens auf und stellen fest, daß es im ganzen Haus nichts mehr zu essen gibt. Dann warten wir einfach ab, wie Gott mit dieser Not fertig wird. Doch es gibt auch Tage, an denen wir uns – einfach weil uns nichts anderes übrigbleibt – zum Fasten entschließen. Bei solchen Gelegenheiten kommen wir Gott ganz besonders nahe. Er ist ja unser Vater. Er weiß, was für uns am besten ist, und Er läßt uns nie im Stich, wenn Er uns auch vielleicht eine Zeitlang prüft.

Weil ich selbst arm bin, fühlen sich die Armen zu mir hingezogen. Die Menschen laufen oft meilenweit zu Fuß, um zu uns zu kommen. Sie haben kein Geld für die Heimfahrt, und so geben wir immer wieder von unserem eigenen kärglichen Vorrat ab. Sie suchen geistliche Hilfe, aber wie könnten wir sie wegschicken, ohne ihnen auch das Nötigste für ihren Leib zu geben? »Umsonst habt ihr's empfangen, umsonst gebt es auch weiter.«

Ich wurde ans Lager eines Mannes gerufen, der aus England kam. Er war an Amöbenruhr erkrankt und hatte außerdem eine Geschwulst. Dieses war im Januar 1981. Ich legte ihm die Hände auf und betete mit ihm, und er wurde wieder gesund. Das Ergebnis war, daß ich mich in England und Kanada wiederfand, wo ich inzwischen vor Asiaten und Europäern gepredigt habe.

Die eine große Befürchtung meiner Tante, als ich ihr zuerst von meiner Heilung durch Jesus berichtet hatte, war die gewesen, daß ich nach England gehen könnte. Nun, so ist es wirklich gekommen, und ich kann nur mit Staunen auf die lange Wegstrecke zurückblicken, die mein Vater im Himmel mich geführt hat, seitdem ich an Ihn glaube.

Ich sehe, daß die Pilgerreise, die mein Vater damals mit mir unternommen hat, der Anfang für die Suche meiner Seele nach Gott war. Dadurch wurden Hoffnungen in mir geweckt, die zwar in Mekka enttäuscht wurden, mich aber dazu trieben – besonders nach dem Tod meines Vaters –, Gott auf eine ganz neue, hartnäkkige und verzweifelte Art und Weise zu suchen. Ich streckte meine Hand nach Jesus, dem Heiler, aus, obwohl ich nichts von Ihm wußte als nur das wenige, was ich im Koran gelesen hatte, und Er machte mich gesund.

Heute bin ich ein Zeuge für die Kraft Gottes, um Menschen zu erreichen, die noch hinter dem Vorhang des Islams leben. Dieser Vorhang kann zerrissen werden, so daß diese Menschen Jesus sehen, hören und liebgewinnen.

Ich brauche die fünf Säulen des Islams nicht mehr, um meinen Glauben zu halten. Mein Zeugnis verherrlicht Jesus, gekreuzigt, gestorben und begraben, aber zu neuem Leben auferstanden, der jetzt in Seinen Nachfolgern lebt. Mein *namaz* (Gebet) richtet sich nicht an einen Gott, den keiner kennen kann, sondern an Ihn, der sich in Seinem Wort, der Bibel, zu erkennen gegeben hat. Dieses Buch ist mein allergrößter Schatz. Seine Worte haben sich mir tief in Herz und Sinn eingeprägt, so wie es früher beim Koran der Fall war. Meine *zakat* (Armensteuer) ist nicht ein Teil meines Einkommens, sondern das Ganze. Alles, was ich habe, gehört Gott. Mein

Reichtum ist für mich im Himmel aufbewahrt. Ich brauche nicht mehr im Fastenmonat Ramadan zu fasten, um Gott zufriedenzustellen und dadurch mit Sicherheit ins Paradies zu kommen. Ich faste freiwillig und gern, um Ihn besser kennenzulernen. Mein *Haddsch* ist meine Pilgerreise durchs Leben. Jeder Tag bringt mich meinem Ziel näher –, einmal auf ewig mit Jesus, meinem himmlischen König, vereint zu sein.

Das Blut von Stieren, Schafen und Ziegen kann niemals Sünde hinwegwaschen, aber wir dürfen als die von Gott Angenommenen ohne Furcht ins Allerheiligste eintreten, auf dem neuen und lebendigen Weg, »durch den Vorhang hindurch«, das ist Sein Fleisch. Denn dieser (Jesus) »hat ein Schlachtopfer für Sünden dargebracht und sich für immer gesetzt zur Rechten Gottes« (Hebräer 10, 12).

Das ist Er, Jesus, das Lamm Gottes, der große Priester und Prophet, der König aller Könige – mein Herr und mein Gott!